ROBERTO SHINYASHIKI

PARE
DE DAR MURRO EM PONTA DE FACA

CB038870

COMO LER ESTE LIVRO?

1. Não leia este livro.
   Consuma-o. Estude-o. Devore-o.
   Trate-o como um caderno de exercícios – sublinhe, destaque, circule, escreva e ponha marcas de exclamação nas margens. Faça marcações que tenham um impacto particular sobre você.

2. Compartilhe em suas redes sociais as citações e o conteúdo do livro que o tocarem. Destacamos alguns dos nossos favoritos. Junte-se a nós em nosso objetivo de inspirar e encorajar pessoas em todo o mundo. Aproveite esta oportunidade para parar de dar murro em ponta de faca e chegar ao seu próximo nível!

3. Acesse www.presentedoroberto.com.br e descubra os bônus exclusivos para os compradores deste livro.

ROBERTO SHINYASHIKI

PARE

DE DAR MURRO EM PONTA DE FACA

E SEJA VOCÊ MAIOR!

Gente editora

Dedico este livro a *Lucia Moreira da Silva Shinyashiki,* uma pessoa amorosa e competente.

AGRADECIMENTOS

Sempre peço a Deus que me ilumine em minha missão de ajudar as pessoas a realizarem seus sonhos e por isso quero, como sempre, agradecer ao nosso Pai pela luz que me mantém alinhado com o meu propósito de vida.

Quero agradecer aos anjos que ele colocou na minha vida para me ajudar nessa missão...

Primeiro, quero agradecer à minha esposa Cláudia Shinyashiki, por ler e comentar cada versão do texto.

Agradeço aos meus filhos:

Leandro, por ser uma eterna fonte de inspiração.

Ricardo, por administrar as nossas empresas e me dar tempo para estudar e criar.

Arthur, por ser meu conselheiro na construção dos meus projetos.

André, por ser o meu parceiro de conversas sobre a vida.

E Marina, por me desafiar a estar mais comprometido com as causas sociais.

A Rosely Boschini, Marília Chaves, Rosângela Barbosa, Gabriela Pedroso, Paulo Bonfim, Priscila de Sá e Elisa Tozzi, por me ajudarem na construção deste texto.

A todos os que colaboraram com suas histórias, seus exemplos e cases que ilustram os conceitos desta obra, especialmente: Marina Ferreira Paduim, Danyelle Sakugawa Chmatalik, Fabrício Batista, Fernando Patricio, Alexandre Slivnik e Mara Lauxen.

Quero agradecer a toda a equipe do grupo Gente – Editora Gente, Instituto Gente e portal Instituto Acelere no Dia a Dia – por ser tão competente e sempre me mostrar como o mundo está evoluindo.

Não posso deixar de agradecer a todas as pessoas que participaram da escolha do título por meio de minhas redes sociais. Vocês me inspiram sempre a continuar cada vez mais motivado.

Por fim, agradeço a você que lê este livro, por seu carinho e sua confiança.

Inspirá-lo é a minha maior fonte de energia.

A todos vocês, o meu obrigadíssimo!

Um grande abraço,

Roberto Shinyashiki

Denver, Estados Unidos, agosto de 2017.

SUMÁRIO

Uma lágrima silenciosa é a maior concentração de dor que existe no Universo.

Depois de mais uma discussão com a sócia em que as palavras mais uma vez foram duras, ela se deu conta de que não tinha com quem desabafar.

Era mais uma vez em que ela pensava se estava dando murro em ponta de faca.

Mais uma tentativa de avançar que não funcionou...

Era mais um esforço de fazer a própria empresa dar lucro, mas poderia ter sido o de conversar com o marido para fazer o seu casamento ser mais cúmplice ou o desgaste de tentar se tornar amiga da mãe...

Apesar de se sentir forte para discutir com a sócia, ela se considerava traída pela vida, traída pela verdade em que ela sempre acreditou de que quem é do bem e procura resolver as dificuldades sempre vence.

Conteve a lágrima o máximo que pode, mas depois que fechou a porta do banheiro não conseguiu segurar a lágrima que escorreu silenciosamente pelo seu rosto.

Sentiu intensamente a dor da solidão misturada com a sensação de fracasso...

No momento em que essa única lágrima quente passou pelo seu rosto frio, ela finalmente entendeu o significado de dar murro em ponta de faca.

Quanto mais tentava resolver o enigma das suas realizações, mais machucava o próprio coração...

INTRODUÇÃO

será que esse é o NOSSO DESTINO?

uem nunca escutou uma frase como esta falada por uma pessoa que está sofrendo?

"Eu não sei mais o que faço com a minha empresa, quanto mais eu trabalho mais as dívidas aumentam. Estou cansado de dar murro em ponta de faca..."

"Estou cansado de dar o sangue e nunca ser promovido."

"Terminei a faculdade faz tempo, mas não sei mais o que fazer para conseguir emprego na minha área."

"Estou cansado de batalhar para o meu casamento melhorar, mas a minha mulher não me entende."

"Não sei mais o que fazer para o meu marido ganhar dinheiro para assumir a vida da gente, estou cansada de sustentá-lo."

"Eu tento emagrecer; faço todos os tipos de dieta, mas continuo engordando."

"Às vezes saio à noite pensando em abrir um contato para uma nova parceria, mas acabo bebendo muito com os amigos."

O que essas pessoas têm em comum?

Elas se sentem atoladas, frustradas, exaustas, preocupadas, pois parece que nada mais funciona para desbloquear esse problema da vida delas. E o pior é que quando uma pessoa fica atolada em um ponto em que não avança, ela acaba sendo vista como preguiçosa, repetitiva, chata e incompetente.

Quer um exemplo?

O empresário que não está conseguindo fazer sua empresa decolar fica conversando com muita gente, gastando o tempo negociando dívidas, correndo atrás dos projetos atrasados e muitas vezes, acaba ficando acordado até tarde para procurar uma solução e também por causa da insônia decorrente do excesso de preocupação.

No final de alguns meses, o pai dele vai falar que ele é preguiçoso porque acorda tarde, e a esposa pensará que ele é incompetente porque não consegue ganhar dinheiro.

É mais uma pessoa muito trabalhadora, estudiosa e honesta que passa por preguiçosa e incompetente!

Você pode estar pensando em me perguntar:

> **QUANDO UMA PESSOA FICA ATOLADA EM UM PONTO EM QUE NÃO AVANÇA, ELA ACABA SENDO VISTA COMO PREGUIÇOSA, REPETITIVA, CHATA E INCOMPETENTE.**

"Roberto, será que você consegue me ajudar a mudar essa loucura na minha vida? Eu vivo isso: apesar de todo o meu sacrifício, meus pais, meu marido e meus amigos me veem como uma incapaz e irresponsável."

Desafio ACEITO!

Neste livro eu vou ajudar você a se dar conta da área da sua vida em que pode estar atolado em uma dificuldade. Vamos então descobrir a causa desse problema e depois trabalhar com o meu método para você RESOLVER esse bloqueio.

Eu já ajudei muitos milhares de pessoas a acabarem com esse drama na vida delas e tenho certeza de que se trabalharmos juntos você também poderá transformar a sua vida.

Este método pode parecer complicado, mas ele é muito simples e eficaz; aliás, complicar costuma ser boa parte do problema.

Minha vida tem sido uma busca pelo ponto central que cria o problema e encontrar um jeito de resolvê-lo.

Na maioria das vezes, nossos problemas parecem complicados, porém eles são muito mais simples de resolver.

Hoje você pode estar preocupado porque tem vários problemas, mas certamente todos eles estão ligados por uma origem em comum.

Aqui preciso dizer que dar murro em ponta de faca tanto pode ser tomar uma ação intensa cujo resultado é insatisfatório quanto tomar uma ação suave que resulta em algo negativo e ainda deixa a pessoa cansada e sem esperança. Pode ser, por exemplo, criticar o que seu companheiro faz ou pensar em criticar, mas não fazê-lo e ficar ressentido. Ou: abrir uma empresa e não ter controle dos custos ou querer abrir uma empresa e fazer isso porque não consegue largar o emprego.

MINHA VIDA TEM SIDO UMA BUSCA PELO PONTO CENTRAL QUE CRIA O PROBLEMA E ENCONTRAR UM JEITO DE RESOLVÊ-LO.

Quando relembro minha trajetória até aqui, percebo que eu mesmo já fui assim, vivi algumas situações em que dava muitos murros em ponta de faca, senti o desespero de me ver em um beco sem saída e parecia que tudo estava comprometido, mas um drama fez com que eu procurasse uma solução simples.

Um desses momentos de estagnação aconteceu quando entrei na faculdade de Medicina. Eu já sabia que queria ser psicoterapeuta e, portanto, teria de ser psiquiatra. Era o começo da faculdade e eu já precisava arrumar um dinheiro extra por conta própria. Não podia pedir aos meus pais porque eles já pagavam a mensalidade e as despesas de alimentação e hospedagem. Comecei dando aulas particulares para alunos de um colégio. Entretanto, o que eu ganhava no fim do mês era ridículo: não compensava financeiramente e prejudicava meus estudos. Então, descobri que havia um grupo de alunos que ajudava em cirurgias na Santa Casa da cidade e faturava muito bem com o trabalho. Passei no concurso para entrar nessa equipe e comecei a carreira de cirurgião. Fui crescendo com o grupo e, nos últimos anos da faculdade, já fazia algumas cirurgias sozinho. Ou seja, ganhava muito bem para a minha situação de aluno.

No entanto, havia um grande porém nisso tudo: eu odiava a vida de pronto-socorro. Não conseguia relaxar, vivia sempre assustado. Cada vez que saía para um plantão, sentia-me péssimo... Eu vivia tão mal-humorado, que brigava com minha esposa, meus pais, meus irmãos e meus amigos. Vivia tão cansado que parecia depressivo.

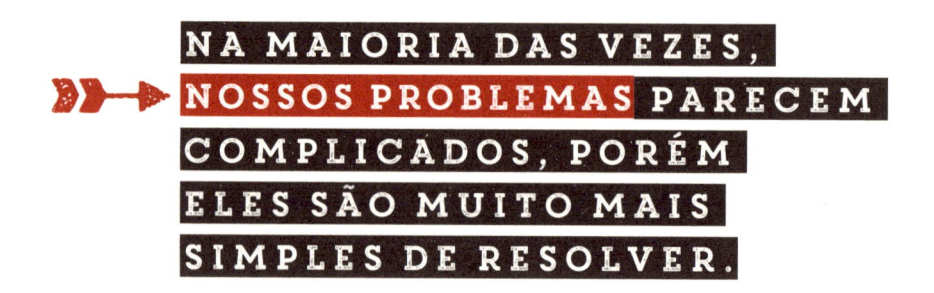

NA MAIORIA DAS VEZES, NOSSOS PROBLEMAS PARECEM COMPLICADOS, PORÉM ELES SÃO MUITO MAIS SIMPLES DE RESOLVER.

O número de plantões aumentou, mas minha vida não andava. Procurei uma terapeuta nessa época, e ela me disse que o meu processo demoraria pelo menos uns três anos. Achei um absurdo demorar tanto tempo, mas não vi outra opção e passei a ter mais uma despesa: a psicoterapeuta.

A cada dia a sensação de estar dando murro em ponta de faca aumentava...

Mais para a frente vou contar como essa situação se resolveu. No entanto, já vou adiantar uma coisa para você: chegou um momento em que eu não tive escolha e precisei decidir. Um grande drama na minha vida fez com que eu tivesse de avançar.

Já você não precisa enfrentar um drama para sair desse estado de estagnação.

Quando você descobre que é maior do que a situação que está vivendo, tudo fica mais claro e você busca tomar uma atitude perante a sua vida.

Tenho certeza de que saberá construir um caminho que transforme tanto a sua vida a ponto de você nem lembrar dos problemas do passado.

Você merece ser muito feliz.

Um grande abraço,
ROBERTO SHINYASHIKI

Denver, Estados Unidos, agosto de 2017.

CAPÍTULO 1

será que você ESTÁ EXAUSTO de tanto ficar NO MEIO DO CAMINHO?

Quero contar a história de uma cliente minha que vai nos acompanhar neste processo de conquista da autonomia. Seu nome fictício é Juliana, uma profissional extremamente criativa e competente. Ela tem sucesso em uma grande empresa como gerente de marketing, mas percebeu que sua carreira ficou estagnada porque de um tempo para cá não está sentindo mais prazer em trabalhar na empresa.

Quando começou a trabalhar, não era assim. Juliana adorava participar de grandes projetos, fazer reuniões com pessoas muito interessantes, ter um cartão de visitas com o nome de uma empresa famosa, almoçar com clientes em restaurantes caros, de sempre ter seus telefonemas respondidos imediatamente.

No entanto, desde que chegou um novo chefe, ela percebeu que não era mais valorizada e começou a notar que não estava mais conectada com aquele emprego. Cansada das cobranças dele e de ter de seguir ordens com as quais não concorda, ela ficou ressentida com ele e começou a se sentir infeliz.

Ao notar que estava cansada de batalhar para o novo chefe valorizá-la, desmotivou-se para continuar a trabalhar na empresa e começou a pensar em montar a própria empresa de marketing digital.

Passava todos os fins de semana pesquisando sobre o assunto, fez planejamento de orçamento. Fez cursos, participou de seminários, contratou um programa de coach para estruturar sua empresa. Ela sente que precisa pedir demissão para montar o próprio negócio, mas não tem nenhuma certeza sobre sua decisão.

Fica se perguntando: será que estou pensando em pedir demissão por causa do chefe? E se eu falasse com ele? E se eu pedisse para mudar de área? E se esse mal-estar for passageiro? Será que vou aguentar construir minha empresa do zero?

Todo domingo pensa que no dia seguinte vai chamar o chefe para conversar e se demitir; mas quando chega a segunda-feira... não tem coragem porque não tem certeza do que quer da vida.

Juliana está estagnada: não tem prazer na grande empresa, mas não consegue montar seu negócio. Ela vive patinando como se estivesse com o carro preso numa estrada cheia de lama. Não vai para a frente nem para trás.

Suponha que você tenha ido ao casamento de um amigo em uma chácara e veja que a estrada está muito molhada, porque choveu bastante durante a semana. Então tenta desviar das poças de água, entretanto chega um momento em que não consegue avançar e o carro enguiça. Você acelera o carro tentando fazê-lo avançar, porém ele não sai do lugar. Aí pensa em desistir do casamento e voltar para casa, então tenta dar marcha a ré. As coisas, porém, vão piorando e você fica desesperado porque a bateria do carro pifou. Você fica travado sem conseguir ir ao casamento nem voltar para casa.

Existem muitas pessoas como Juliana, que ficam atoladas entre duas opções e, no final das contas, ficam exaustas.

Brigar com alguém ou consigo mesmo destrói a energia de qualquer um, sobretudo quando não se sabe o que se quer.

Acontece, por exemplo, em um casamento em que os dois procuram um caminho para não brigar e quanto mais tentam conversar mais acabam brigando.

Agora vamos analisar esse casal: será que eles sabem o que querem?

EXISTEM MUITAS PESSOAS COMO JULIANA, QUE FICAM ATOLADAS ENTRE DUAS OPÇÕES E, NO FINAL DAS CONTAS, FICAM EXAUSTAS.

É quase certo que não!

Eles sabem que não querem brigar, mas provavelmente não sabem o que querem. Será que quando dizem que não querem brigar eles não estão pensando em ficar distantes para evitar conflito? Ou até em aceitar que um dos dois seja desonesto ou simplesmente que ninguém traga as frustrações para as conversas?

Não saber o destino é o primeiro passo para ficar perdido.

Uns meses atrás, o motorista de uma empresa me levou para fazer uma palestra em outra cidade. Perguntei se ele tinha o endereço e ele respondeu que a cidade era muito pequena e que seria tranquilo encontrar. O trânsito na estrada estava ruim e acabamos muito atrasados, mas ele ainda permanecia calmo porque achava que tínhamos tempo. Quando chegamos à cidade, o motorista perguntou a algumas pessoas se elas sabiam onde era o clube em que eu faria a palestra. Ninguém conhecia esse clube. Em vez de ligar para a empresa para descobrir qual era o endereço, o motorista foi ficando nervoso e continuou dirigindo, cada vez mais depressa. Até que, finalmente, ele ouviu meu pedido, ligou para a empresa e conseguiu o endereço.

NÃO SABER O DESTINO É O PRIMEIRO PASSO PARA FICAR PERDIDO.

Chegamos atrasados e eu escutei um dos gerentes dizer que ia demiti-lo porque era um incompetente.

Incompetente como motorista ele não era, mas com toda certeza era um irresponsável por começar a dirigir sem saber o endereço exato para onde ia.

Talvez você esteja rindo do motorista que sai dirigindo sem saber o destino, mas será que quando você quer arrumar sua empresa, seu casamento ou ajudar seu pai a arrumar um novo emprego você não está fazendo exatamente como o motorista: acelerando seu carro sem ter o endereço exato?

Nosso cérebro é como um motorista. Ele precisa de um endereço exato. Se você falar para ele "eu vou ter sucesso" ou "vou ter um casamento romântico" seu cérebro ficará tão perdido quanto o motorista O cérebro ficará dando voltas gastando gasolina, perderá muito tempo e ficará exausto.

"Roberto, mas os mecanismos que nos fazem ficar atolados são os mesmos tanto para a vida pessoal como para a profissional?"

Sim, são exatamente os mesmos.

Lembre-se: a sensação de dar murro em ponta de faca é a mesma tanto quando tem de resolver aquela situação em que vive brigando com seu pai em casa quanto no caso dos conflitos que você tem com seu sócio ou chefe.

Um ponto central pode provocar muito estrago.

Quer saber alguns dos pontos fracos de uma pessoa que destroem a possibilidade de parar de malhar em ferro frio?

→ **Impulsividade**

→ **Falta de comprometimento**

→ **Irritabilidade**

→ **Superficialidade**

→ **Falta de paciência**

→ **Baixa autoestima**

→ **Falta de foco**

→ **Mudança de ideia a todo tempo**

→ **Mas principalmente falta de visão ampla da situação**

Você tem algum deles?

Neste livro darei mais exemplos da vida profissional porque atualmente a maioria dos meus clientes está dando murro em ponta de faca nas suas empresas, mas vou mergulhar com você na sua vida pessoal porque sucesso sem felicidade não tem a mínima graça.

Estou torcendo para você já estar começando a ter consciência de como funciona esse sistema de ficar atolado no meio do caminho porque no próximo capítulo vou explicar quais são as causas dessas situações.

Vamos juntos compreender como funcionam esses mecanismos?

CAPÍTULO 2

POR QUE
as pessoas
dão tanto
MURRO
em ponta de faca?

Bem, basicamente porque não sabem o que querem de verdade. Ficam tentando mudar o rumo da vida sem saber o motivo que as move.

Antes de fazer uma mudança em sua vida, é fundamental conhecer suas razões, os motivos que o movem e que o levam a querer fazer isso, pois as mudanças impulsivas costumam ser frágeis.

VOCÊ SÓ VAI CRESCER QUANDO SE CONHECER: AS ÁRVORES MAIS ALTAS SÃO AS QUE TÊM RAÍZES MAIS PROFUNDAS.

Quem nunca fez uma lista de promessas de ano-novo querendo emagrecer, fazer um curso de inglês, praticar exercícios, começar uma poupança, trocar de emprego, abrir uma empresa ou conseguir um novo amor? Em janeiro, você se matricula na academia, no curso de inglês e coloca um dinheirinho na poupança. Como em tantas outras vezes, porém, tudo isso dura apenas um mês, em fevereiro você já se esqueceu da sua lista de promessas e deixou tudo para lá. Por quê? Porque são promessas impulsivas que nascem sem força, pois não têm verdade dentro delas.

Se você não se conhece, acaba fazendo várias listas de promessas desse tipo. E você só vai crescer quando se conhecer: as árvores mais altas são as que têm as raízes mais profundas.

Depois de atender milhares de pessoas, observei que existem cinco bloqueios que fazem com que os projetos não avancem:

1 Não admitir que está dando murro em ponta de faca.

2 Não escutar a sua alma.

3 Não se comprometer profundamente com seu projeto.

4 Não ter um projeto de vida claro.

5 Não implementar o seu projeto.

Será que você virou escravo de algum deles? Nós vamos descobrir agora.

1 NÃO ADMITIR QUE ESTÁ DANDO MURRO EM PONTA DE FACA

Vinte e cinco anos atrás, eu tive uma empresa. Eu adorava as pessoas, era um trabalho lindo, uma equipe supercompetente, mas muito deficitária. Eu trabalhava como um louco e, no fim do mês, sempre precisava colocar dinheiro para cobrir as despesas...

Durante muito tempo eu investi, na esperança de chegar uma hora em que os lucros aparecessem. No entanto, o rombo financeiro ia aumentando cada vez mais. Contratei um consultor financeiro chamado Antonio Scatolin para fazer uma análise do negócio. Depois de analisar o movimento ele me sugeriu mudar totalmente o formato, pois o modelo de negócio sempre seria deficitário. A frase que ele usou foi a seguinte: "Você vai passar a sua vida enxugando gelo". Contudo, eu estava tão apaixonado pelo nosso time e pelo nosso trabalho que não percebia que o modelo não tinha possibilidade de sucesso. Mais alguns anos se passaram e eu estava mais exausto do que nunca, então chamei de novo o mesmo consultor. Com muito carinho, ele falou: "Eu vou fazer a análise como tem de ser feita, mas já sei a resposta: você vai ter de mudar o modelo de negócio, pois, para ser sustentável, essa empresa precisaria conseguir aumentar as vendas em um número que seria humanamente impossível.". Depois que ele me mostrou a análise, tomei consciência de que precisávamos mudar o conceito. Foi uma choradeira, muita gente triste por ter de sair do projeto. No entanto, depois dessa mudança, em 1992, eu tive tempo para me dedicar à minha carreira. A partir daí meus livros ficaram famosos, minha carreira de palestrante decolou e eu pude realizar minha missão de vida.

Por que contei essa história? Para mostrar que, às vezes, temos o desejo tão grande de que algo dê certo que não paramos para analisar a viabilidade dessa ideia.

Como especialista em esporte de alto rendimento, tive a oportunidade de trabalhar com jovens atletas. Uma das situações que mais me angustiavam era ver um pai massacrando o filho para ele se tornar um atleta olímpico quando o garoto não tinha a intenção de passar sua juventude em uma piscina ou em uma pista de atletismo.

Murro em ponta de faca total.

No fim, o resultado era pai e filho exaustos, frustrados e magoados um com o outro.

Quer ver outra situação?

Quando uma mulher está apaixonada por um ex-namorado que não lhe dá a mínima e ela fica na expectativa de que ele volte. O sujeito já se casou duas vezes, tem filhos com as companheiras, nunca responde suas mensagens e ela, ainda assim, não abre seu coração para um novo amor.

Outro murro em ponta de faca.

Mais um exemplo?

Uma pessoa homossexual em um casamento heterossexual. O fato de um não assumir a sua preferência, e de o parceiro não perceber a verdade, geralmente faz com que os dois vivam em um inferno.

Quer mais?

A pessoa que fica reclamando que a vida não avança porque alguém não colabora. "Meu marido não me ajuda." "Minha esposa não me entende." "Meu chefe não me valoriza." "Meu pai não investe no meu projeto...".

Mais um murro em ponta de faca!

O problema aqui é a falta de percepção da pessoa e não um problema da situação.

Você está resistindo a perceber e a assumir que esse projeto não tem saída.

A mudança pode acontecer quando você acordar para a inviabilidade da sua ideia, ou seja, que está dando murro em ponta de faca, todo cortado, cheio de dor e que chegou a hora de tratar dos ferimentos e começar a imagem de oposição à ponta da faca.

"Roberto, e como eu faço para perceber que estou numa situação dessas?"

A primeira coisa para a qual eu chamaria sua atenção é a repetição. Se existe uma situação que se repete em sua vida e que você não resolve, é muito provável que esteja travado. Se, ainda por cima, você tem feito grande esforço para mudar isso e não tem conseguido resultado, aí você pode ter certeza de que está dando murro em ponta de faca, machucando-se aos montes e perdendo as oportunidades.

Uma pesquisa nos Estados Unidos constatou que as crianças apresentam os sinais de gagueira em média aos 3 anos, mas os pais buscam tratamento em média aos 9 anos.

Adiar a busca da transformação muitas vezes só aumenta o problema.

Muitas pessoas não têm consciência da situação em que vivem. É como se elas estivessem em um maravilhoso jantar no restaurante do Titanic, sem a menor noção de que estão prestes a bater em um *iceberg*. Neste caso, no entanto, o Titanic não é um navio. O Titanic é a vida. E, se não for feito algo radical para mudar o curso, certamente o navio afundará. Por isso, reflita. Será que seu Titanic está prestes a afundar? Se estiver, ainda dá tempo de mudar o rumo do barco.

> **ADIAR A BUSCA DA TRANSFORMAÇÃO MUITAS VEZES SÓ AUMENTA O PROBLEMA.**

2 NÃO ESCUTAR A SUA ALMA

Muitas pessoas vivem frustradas porque fazem suas escolhas somente baseadas no mundo externo.

O exemplo mais simples é o número de jovens que escolhem a profissão porque vai dar dinheiro ou porque os pais já têm uma estrutura formada.

Há também o caso de pessoas que se casam com companheiros bonzinhos.

> **MUITAS PESSOAS VIVEM FRUSTRADAS PORQUE FAZEM SUAS ESCOLHAS SOMENTE BASEADAS NO MUNDO EXTERNO.**

Tomar uma decisão somente com base em argumentos externos pode ser muito perigoso porque quando o seu coração não é convidado para participar dessa escolha existe a chance de criar uma situação murro em ponta de faca.

Tentar ser feliz com base em uma escolha sem paixão pode ser uma tentativa impossível.

"Roberto, mas como faço para escutar a minha alma?"

Realmente esse é um trabalho delicado porque conhecer seu mundo interior significa conhecer a sua luz e a sua sombra.

É preciso ter a coragem de ver nossos medos e nossas frustrações. Ver as tristezas que nosso coração carrega quando a sociedade nos estimula a estar contentes o tempo todo.

O problema é que sentir angústia parece algo proibido.

Os filhos precisam estar sorrindo o tempo todo.

O casal tem de estar em clima de namoro todos os dias.

O trabalho precisa ser criativo sempre.

Isso faz com que as pessoas não escutem a si mesmas nem aprendam com suas escolhas.

CONHECER SEU MUNDO INTERIOR SIGNIFICA CONHECER A SUA LUZ E A SUA SOMBRA.

Nós nos cobramos felicidade o tempo todo. Parece que sentir tristeza virou pecado, que sentir medo não é uma coisa humana. Entrar nesse jogo de parecer alegre o tempo todo virou um passaporte para a ilusão – e um caminho veloz para os vícios. Se a pessoa tem a necessidade de se anestesiar quando algum problema acontece, vai acabar se tornando dependente de alguma coisa. Esse sedativo pode ser álcool, drogas, comida, sexo ou, o pior de todos, ilusões.

> **PARECE QUE SENTIR TRISTEZA VIROU PECADO, QUE SENTIR MEDO NÃO É UMA COISA HUMANA. ENTRAR NESSE JOGO DE PARECER ALEGRE O TEMPO TODO VIROU UM PASSAPORTE PARA A ILUSÃO – E UM CAMINHO VELOZ PARA OS VÍCIOS.**

Viver angustiado o tempo todo é sinal de que algo anda errado na vida, mas existem momentos em nossa vida em que sentir angústia é fundamental para a nossa realização. Ela é um combustível para a mudança!

Quando você se sente angustiado porque está se sentindo sozinho, pode perceber que chegou a hora de fazer alguma coisa diferente para buscar um companheiro.

O problema é que a pessoa pode fazer muitas bobagens na vontade de calar a angústia.

Quando o empresário de sucesso se sente angustiado porque as vendas não estão saindo do modo como ele planejou ele vai tomar alguma providência para mudar a estratégia de vendas.

No entanto, para isso, é preciso começar a ouvir a si mesmo. Essa é a grande dificuldade de todo mundo. E a grande dificuldade da Juliana que, cheia de informações na cabeça, não consegue parar e ouvir sua alma. Fica ouvindo a opinião dos amigos, dos colegas de trabalho, do namorado e não mergulha dentro de si para ver o que é melhor para ela.

Por isso, não consegue decidir e fica patinando, patinando, sem saber para onde ir. Sabe para onde ela está indo? Para cada vez mais longe de quem ela é! E essa atitude faz com que perca o interesse em tudo o que faz.

É que basear suas escolhas na impulsividade faz com que muitas pessoas percam o interesse logo depois de começar o projeto.

Quando você não escuta seu coração, as decisões ficam fracas.

No momento em que isso acontece, é como se você fosse uma criança indecisa numa loja de brinquedos. Os pais falam: "Você pode escolher um.". Algumas crianças sabem exatamente o que querem e vão logo na direção daquele brinquedo. Muitas outras, porém, entram em desespero diante de todas as possibilidades. E se eu escolher errado? E se o outro for melhor? De qual eu gosto mais? Esse é o risco que você corre ao não conhecer sua alma, ao não definir quem você é, ficará eternamente perdido sem saber para qual lado seguir. Aí você cisca de projeto em projeto, de emprego em emprego, de relacionamento em relacionamento, sem nunca se permitir ir até o fundo.

É como a Juliana, que mergulhou em um mar de oportunidades sem ter a menor ideia de qual delas realmente era a que mais se identificava com o que ela conservava dentro de si. Quanto mais cursos fazia, quanto mais ideias surgiam, mais se sentia sem ter para onde fugir, sem saber o que escolher.

Você deve estar se perguntando: "Por que isso acontece tanto?". Acontece porque vivemos um momento de abundância de opções, com alternativas para praticamente tudo; porém, quanto mais alternativas existem, mais ansiedade elas provocam! É muito mais fácil escolher uma camisa entre duas do que uma entre quinze. Para o nosso cérebro, qualquer processo de escolha é parecido, pode ser o prato do almoço ou a carreira que queremos seguir. Contudo, quanto mais valorizamos as opções apresentadas, mais ansiedade elas nos trazem.

E é natural que a gente se sinta ansioso, porque escolher um caminho implica abrir mão de outro. Na verdade, de muitos outros. Ao nos deparar com esse impasse, automaticamente nosso cérebro começa a calcular as possíveis perdas ocasionadas por uma decisão errada. Não queremos abrir mão de coisas boas e igualmente importantes, e isso nos paralisa. Há pessoas que querem o mundo, mas não conseguem escolher e morrem de fome.

> PARA O NOSSO CÉREBRO, QUALQUER PROCESSO DE ESCOLHA É PARECIDO, PODE SER O PRATO DO ALMOÇO OU A CARREIRA QUE QUEREMOS SEGUIR. CONTUDO, QUANTO MAIS VALORIZAMOS AS OPÇÕES APRESENTADAS, MAIS ANSIEDADE ELAS NOS TRAZEM.

Sofremos de obesidade psicológica: somos gulosos demais, queremos fazer tudo, mas no fim pegamos muito mais do que conseguimos mastigar. O livre-arbítrio é maravilhoso, mas muito traiçoeiro.

Essa foi uma lição que aprendi indo a restaurantes que servem buffet: onde há muitas comidas gostosas. Isso mesmo: há muitas comidas gostosas, mas quais são as que eu quero comer naquele dia? Não preciso comer até explodir nem preciso experimentar de tudo. Como o que simplesmente tenho vontade e na quantidade que me convém. Quando for escolher a sua comida, não olhe apenas para a mesa, mas para o que você quer e precisa comer.

Quando chega o momento de avançar é importante saber deixar para trás o que um dia nos fez feliz.

> **SOFREMOS DE OBESIDADE PSICOLÓGICA: SOMOS GULOSOS DEMAIS, QUEREMOS FAZER TUDO, MAS NO FIM PEGAMOS MUITO MAIS DO QUE CONSEGUIMOS MASTIGAR. O LIVRE-ARBÍTRIO É MARAVILHOSO, MAS MUITO TRAIÇOEIRO.**

Eu tive muito sucesso como terapeuta. Tinha na minha lista de clientes ministros, celebridades, executivos de grandes empresas. Certamente eu tinha muito a perder se abandonasse essa carreira. Como jogar fora um trabalho de tanto sucesso? Para aumentar minha angústia, havia a dependência financeira desse trabalho. Eu não ganhava o suficiente para ter a vida que gostaria, mas conseguia pagar as despesas do tratamento do Leandro.

Quando surgiu a oportunidade de palestrar nas grandes empresas eu me vi diante de um profundo impasse: deixar minha carreira bem-sucedida de terapeuta, mas com a qual eu não tinha mais prazer ou mergulhar no desconhecido mundo dos palestrantes...

>> → **QUANDO CHEGA O MOMENTO DE AVANÇAR É IMPORTANTE SABER DEIXAR PARA TRÁS O QUE UM DIA NOS FEZ FELIZ.**

Pouquíssimas empresas contratavam palestrantes naquela época, pois era um mercado totalmente novo e ninguém sabia o que podia esperar, mas além de ganhar muito mais eu poderia largar o trabalho de terapeuta, que já não me satisfazia.

Além de não ter o prazer de atender individualmente as pessoas, eu comecei a sentir a necessidade de ajudar mais pessoas.

Para me tornar palestrante, eu precisava deixar uma carreira maravilhosa para trás. Contudo, quando olhei para dentro de mim, quando escutei meu chamado, a decisão foi óbvia. Fechei o consultório, encarei o medo de ser criticado ou de ficar sem dinheiro e segui em frente.

De repente, vi que minha agenda estava lotada de palestras, eu me sentia feliz com esse trabalho e pude finalmente pagar as despesas do tratamento do Leandro sem sofrimento, pagar as dívidas que eu tinha feito e começar a ter o estilo de vida que eu queria.

Quando falamos sobre abandonar o "dar murro em ponta de faca", temos de ter em mente que às vezes a situação que precisaremos deixar para trás tem sucesso, glamour e poder, porém, se olharmos para a nossa alma, veremos que estamos presos como pássaros em gaiola de ouro.

Escolher significa parar de dar murro em ponta de faca e seguir em frente.

> **QUANDO FALAMOS SOBRE ABANDONAR O "DAR MURRO EM PONTA DE FACA" TEMOS DE TER EM MENTE QUE ÀS VEZES A SITUAÇÃO QUE PRECISAREMOS DEIXAR PARA TRÁS TEM SUCESSO, GLAMOUR E PODER, PORÉM, SE OLHARMOS PARA A NOSSA ALMA, VEREMOS QUE ESTAMOS PRESOS COMO PÁSSAROS EM GAIOLA DE OURO.**

3 NÃO SE COMPROMETER PROFUNDAMENTE COM SEU PROJETO

Hoje muitas pessoas vivem no "mundo do ficar".

Muitas jovens se perguntam: "Com quantos você ficou? Quantos você beijou?".

É essencial ter a possibilidade de saciar a nossa curiosidade, mas certamente se quisermos experimentar algo de verdade precisamos ter uma conexão mais profunda.

É muito importante nós namorarmos nossos objetivos.

"Roberto, o que você quer dizer com isso?".

Ficar é legal, mas não permite profundidade.

Se um tema é importante na sua vida você tem de mergulhar nesse tema.

Superficialidade nas escolhas da sua vida pode ser fatal!

Imagine se o tenista Guga ficasse mudando de esporte cada vez que obtivesse resultados ruins na adolescência? Ou mudasse o seu estilo de jogo porque perdera uma competição importante?

Existem pessoas que trocam de esporte o tempo todo. Isso é ótimo para curtir a vida, mas não para se tornar um profissional.

Imagine se o Mark Zuckerberg mudasse o foco do seu negócio cada vez que tivesse problemas ou que o Jeff Bezos mudasse de área o tempo todo?

Não teríamos nem o Facebook nem a Amazon!

> **FICAR É LEGAL, MAS NÃO PERMITE PROFUNDIDADE. SE UM TEMA É IMPORTANTE NA SUA VIDA VOCÊ TEM DE MERGULHAR NESSE TEMA. SUPERFICIALIDADE NAS ESCOLHAS DA SUA VIDA PODE SER FATAL!**

Existem pais que mudam a cada seis meses o terapeuta do filho com problemas psicológicos. Em pouco tempo não dá para aprofundar nada!

É lógico que precisamos evoluir para crescer, e esse movimento tem de ser feito com profundidade.

Conheço muitas pessoas que, quando veem uma novidade, querem imediatamente fazer alguma coisa diferente para mostrar que estão atualizadas.

Por exemplo, vários amigos estão me ligando para saber se devem investir em *bitcoins*, as moedas digitais que, segundo alguns gurus, serão o grande investimento do futuro. A minha resposta é sempre:

"Depende".

Depende de quê?

Bem, primeiro da sua estratégia de investimento.

Depende se você pode ou não correr o risco de perder tudo o que está investindo.

Também precisa se aprofundar na estratégia que adotou para seus investimentos e decidir se faz sentido ou não embarcar nisso.

Contudo, as pessoas não pensam nisso e decidem impulsivamente.

Aí o risco de errar é grande.

Outra conversa que sempre tenho é a seguinte:

"Roberto, qual é a melhor escola para meu filho?"

A minha reposta, de novo, é:

"Depende".

Depende de quê?

Do seu filho! É importante conhecer a personalidade dele e o que cada uma das escolas tem para oferecer; não adianta colocá-lo em uma escola bilíngue só porque "todo mundo está fazendo isso".

Por exemplo, os meus filhos Leandro, Ricardo e Arthur fizeram escolas baseadas na antroposofia, porque eles mostravam que valorizavam os conteúdos psicológicos. A Marina estudou em escolas mais abertas porque ela tem um engajamento social e o André estudou em escolas que valorizavam o esporte porque ele é um atleta.

Repetindo: superficializar é fatal.

As pessoas mudam seus projetos com a mesma velocidade que as placas de uma estrada aparecem no caminho. Cada um desses outdoors que chama a nossa atenção nos instiga a uma nova ação, a algo que parece que vai mudar nossa vida. No entanto, isso dura só alguns minutos, pois, logo adiante vai aparecer algo que nos chamará a atenção de novo, e novamente mudamos o foco. E sem saber que direção seguir, não vamos a lugar nenhum. Afinal, nossos olhos não estão na estrada.

Essa vida de ficar apaixonado por outdoors parece a daquele rapaz sedutor que se apaixona por uma garota diferente a cada fim de semana – e ela é sempre "a mulher da sua vida", até o fim de semana seguinte, é claro. É impressionante o número de pessoas que se apaixona por um novo projeto ou uma nova forma de realizar esse projeto toda semana. O problema não é a paixão em si – paixão é uma coisa maravilhosa e importantíssima para todo mundo –, mas a superficialidade dessa paixão que não ajuda a tirar as pessoas do lugar.

A paixão tem de brotar do coração, pois quando ela nasce nos olhos é sinal de que é passageira.

Falar de muitas novidades virou praticamente obrigatório e essa onda favorece a impressão de que as pessoas estão trabalhando para sair do lugar e avançar em seus projetos, mas não estão, porque vivem na superfície.

Elas têm a ilusão de possuírem muito conhecimento, mas o problema é que elas sabem tudo sobre tudo, mas não percebem que no final sabem muito pouco sobre nada.

Quando você tiver a ideia de entrar em uma dessas "novidades", seja um empreendimento, seja a mudança da escola do seu filho, pergunte-se que sentido isso faz! Será que você vai se casar com esse projeto ou será mais um encontro de uma noite? Converse com pessoas que tenham realizado projetos semelhantes, analise as opções com profundidade e, só então, decida e execute.

O mais importante é você se casar com a sua meta e ter muito orgulho dela, seja ela qual for, independentemente da área da sua vida em que ela esteja inserida.

Existe uma situação muito interessante que eu vivencio.

Quando eu chego em uma empresa para palestrar em um evento, sempre há uma pessoa, responsável pelo evento, que me ajuda nos preparativos e no fim da passagem de som a gente tem um tempo para conversar.

Muitas vezes o tema dessa conversa é o amor, e daí ela me pergunta onde estão os homens legais porque ela tem vontade de se casar, ter um relacionamento profundo e não encontra essa pessoa.

O MAIS IMPORTANTE É VOCÊ SE CASAR COM A SUA META E TER MUITO ORGULHO DELA, SEJA ELA QUAL FOR, INDEPENDENTEMENTE DA ÁREA DA SUA VIDA EM QUE ELA ESTEJA INSERIDA.

No fim da palestra, depois do jantar, a equipe que coordenou o evento se reúne para celebrar e comemorar o sucesso. E um dos temas mais comentados é vida afetiva. Quando a conversa avança, várias mulheres começam a falar que não querem ter um relacionamento estável porque não querem se sentir presas. De repente, eu percebo que a garota que me confidenciou a vontade de ter um companheiro agora está falando que não quer ter um relacionamento fixo!

Ter vergonha da meta é a pior maneira de destruir a possibilidade de realizá-la.

Nós precisamos pelo menos namorar a nossa meta. Ter orgulho dela. Criar vínculos com ela. Sofrer quando o projeto não está avançando, porque somente assim teremos sucesso sustentável.

4 NÃO TER UM PROJETO DE VIDA CLARO

Uma das maiores causas de a pessoa ficar dando murro em ponta de faca é ela não ter um desenho claro da sua vida.

A maioria me lembra um pouco aquelas clínicas médicas que começam com um médico atendendo em uma casa pequena com um terreno grande. Depois de um tempo ele vê que a clientela aumenta, então monta mais um consultório após o outro. Depois ele resolve fazer um laboratório e então um raio X. A clínica vira uma série de puxadinhos onde tudo fica malfeito: o trabalho acontece, mas construído desorganizadamente.

NÓS PRECISAMOS PELO MENOS NAMORAR A NOSSA META. TER ORGULHO DELA. CRIAR VÍNCULOS COM ELA. SOFRER QUANDO O PROJETO NÃO ESTÁ AVANÇANDO, PORQUE SOMENTE ASSIM TEREMOS SUCESSO SUSTENTÁVEL.

A sua vida é um projeto completo ou é uma serie de puxadinhos?

O curso mais procurado da Universidade de Stanford chama-se Designing your life (desenhando a sua vida). Ele foi criado para jovens que estão terminando a faculdade, porém, com o tempo, pessoas de todas as idades começaram a perceber que precisavam desenhar a própria vida.

Quando as pessoas não organizam a própria vida, elas continuam com conflitos desnecessários...

Quer ver algumas situações dessas?

Pessoas que viraram multimilionárias, mas continuam fazendo a família viver como se fossem miseráveis.

Casais que se separaram mas continuam cobrando atitudes do outro como se ainda fossem casados.

QUANDO AS PESSOAS NÃO ORGANIZAM A PRÓPRIA VIDA, ELAS CONTINUAM COM CONFLITOS DESNECESSÁRIOS...

Empresários que não percebem que as suas empresas cresceram e que elas precisam de um novo projeto.

Pessoas que não percebem as motivações dos cônjuges.

Vou contar a história de um casal de amigos meus, Roger e Claudia, que mostra isso muito bem.

Os dois são muito bem-sucedidos, multimilionários, mas ele trabalha muito.

Um dia, estávamos almoçando e ela me pediu: "Roberto, fala para o Roger parar de trabalhar tanto; ele não precisa mais de dinheiro.".

Eu, que conheço bem os dois, respondi:

"Claudia, o Roger não é o tipo de pessoa que trabalha por dinheiro, é mais fácil você mudar a sua expectativa do que ele parar de trabalhar e reorganizar a sua vida.".

Claudia não estava conseguindo entender bem o desenho de vida do marido. Não estava percebendo que, para ele, o trabalho é realização, não é dinheiro.

Quando ela perceber que esse é o estilo de vida dele, vai começar a desenhar a própria vida. Criar uma nova profissão, viajar com amigas, praticar um novo esporte, fazer uma nova faculdade.

Como ser feliz casada com alguém que é apaixonado por ela, mas adora trabalhar?

Entretanto, poderia ser que o Roger não se importasse mais com ela. Será que seria o caso de separar-se e começar uma nova relação?

O que definitivamente não pode acontecer é ela ficar reclamando dele e não fazer nada para mudar a própria vida.

Um dos piores erros que acontece e faz a pessoa infeliz é não assumir o controle da própria vida e se tornar um RAD – aquele que Reclama, Acusa e Dá desculpas.

Se você é um RAD, saiba que a sua mão vai ficar sangrando todos os dias porque reclamar, acusar e dar desculpas só aumenta o tamanho dos seus problemas.

> **UM DOS PIORES ERROS QUE ACONTECE E FAZ A PESSOA INFELIZ NÃO ASSUMIR O CONTROLE DA PRÓPRIA VIDA E SE TORNAR UM RAD – AQUELE QUE RECLAMA, ACUSA E DÁ DESCULPAS.**

Você tem de assumir o controle da sua vida e mudar.

Se o seu marido é um usuário de drogas pesadas que maltrata você e seus filhos, e que todos os dias promete que vai mudar, mas não faz nada para deixar o vício, é importante você ter a coragem de parar de reclamar e dizer: já que você não muda, eu vou mudar...

Quando uma pessoa é um RAD ela quase sempre vai ter um parceiro existencial de reclamações. Os dois são sócios no papel de vítima, provavelmente adoram se sentir injustiçados e vivem do dinheiro de outra pessoa.

Não caia na tentação de buscar racionalmente um culpado para os seus problemas. Quanto mais energia gasta reclamando menos energia sobra para você desenhar a sua vida.

5 NÃO IMPLEMENTAR O SEU PROJETO
Esse erro é fatal!

Não fazer o que tem de ser feito. Fez um projeto de vida, definiu os mentores, visualizou as consequências maravilhosas da realização do projeto e... nada!

Pessoal, não tem segredo. Para fazer a mudança que você quer na sua vida vai precisar manter o foco, ter dedicação total e trabalhar muito.

Seu filho usa drogas e você quer construir uma amizade com ele? Vai precisar se dedicar muito.

Você é uma empresária multimilionária que vive sozinha e quer viver um grande amor?

> NÃO CAIA NA TENTAÇÃO DE BUSCAR RACIONALMENTE UM CULPADO PARA OS SEUS PROBLEMAS. QUANTO MAIS ENERGIA GASTA RECLAMANDO MENOS ENERGIA SOBRA PARA VOCÊ DESENHAR A SUA VIDA.

PESSOAL, NÃO TEM SEGREDO. PARA FAZER A MUDANÇA QUE VOCÊ QUER NA SUA VIDA VAI PRECISAR MANTER O FOCO, TER DEDICAÇÃO TOTAL E TRABALHAR MUITO.

Vai ter de separar espaço na agenda, aprender a não ser controladora, ter a humildade de sair sozinha para as festas sem saber quem vai encontrar.

Milagre que simplesmente acontece quase não existe.

O verdadeiro milagre é definir o projeto, ter disciplina e humildade para avançar até conseguir construir o que planejamos.

"Roberto, e por que as pessoas têm tanta dificuldade em colocar em prática?"

Primeiro, porque uma parte fica na internet vendo o que as pessoas de sucesso fazem em vez de ter o prazer de construir o próprio sucesso...

O termo *voyeur* hoje não é mais limitado às pessoas que sentem prazer em observar os outros fazendo sexo, mas também é ficar excitado somente em ver o sucesso das celebridades.

Existem pessoas que não têm tempo nem energia para implementar os próprios projetos porque gastam seu tempo olhando os outros, vivendo na net horas por dia.

Os reality-shows têm sucesso porque as pessoas ficam mais curiosas em ver do que em fazer.

Hoje, se alguém quiser, pode passar literalmente o dia inteiro "espionando", observando a vida de outras pessoas acontecer, tudo isso sem sair da frente de uma tela.

Quantas pessoas vivem e imaginam que se realizam sem sequer começar...

Acompanham sites de viagem, mas mal saem de casa.

Assistem vídeos de receitas, mas pedem delivery.

Comecei falando de sexo porque é hoje o maior fenômeno. Estão todos ligados nisso, mas passam meses ou até anos sem tocar a companheira.

Um dos males do nosso tempo é que aprendemos a admirar o exemplo dos outros em vez de pensar em realizar nossos projetos. Perseguimos ideais, invejamos, sonhamos acordados com uma realidade que não nos pertence, e tudo isso enquanto ficamos parados, atolados, sem fazer o que realmente trará algum resultado.

O mundo se tornou um grande palco das redes sociais, em que as pessoas passam a maior parte do tempo observando ou sendo observadas, dando ou pedindo likes, querendo a vida do outro enquanto postam a foto daquele dia em que foram à praia, dois anos atrás.

É mais fácil projetar, olhar para o outro, até porque esse movimento nos entorpece e causa uma sensação falsa de bem-estar. Nesse mundo não existem frustrações; porém, por mais vívida que seja a sua imaginação, por mais real que um sonho pareça quando você está dormindo, você ainda acorda todos os dias de manhã e continua tendo de assumir a sua vida.

Quando o vídeo acabar de rodar, quando você já tiver curtido todas as fotos, quando terminar de aplicar os filtros... a sua vida continuará sendo o que ela é.

Está na hora de despertar, de acordar e começar a agir.

É preciso de muita dedicação para resolver uma situação em que você está malhando em ferro frio.

Muitas pessoas não fazem acontecer porque acreditam em mágica.

O fenômeno da corrida do ouro acontece todos os dias...

➡ A ILUSÃO DE SE DAR BEM NA CORRIDA DO OURO

Uma das maiores ilusões que existem hoje é a do dinheiro fácil.

A cada cinco anos acontece uma corrida do ouro diferente para fazer muitas pessoas gastarem seu dinheiro.

A primeira corrida do ouro da história é bem antiga.

Vem lá de 1848 quando muita gente foi para a Califórnia em busca de ouro fácil.

No entanto, a maioria dessas pessoas não ficou rica, só gastou as economias em busca de um tesouro. Quem enriqueceu de verdade foi o Wells Fargo Bank, que emprestava dinheiro para os aventureiros. Ou seja, ganhou quem tinha um foco definido.

De lá para cá, surgiram várias corridas do ouro. A bolha das ponto.com, coincidentemente na mesma região da Califórnia, tem sido a corrida do ouro da internet. Todo mundo acha que vai se tornar o próximo Mark Zuckerberg, mas se olharmos para a história dele, veremos que ele não criou uma rede social e ficou rico.

Ele passou anos se construindo como programador, fortalecendo sua mente, começou um protótipo e, depois teve de lidar com problemas de servidores, precisou ter persistência diante das críticas. O sucesso parece rápido, mas não é.

Existe sempre uma ilusão de dinheiro fácil que está na moda a todo momento. Você já deve ter visto anúncios que prometem que você não precisa trabalhar nada e vai ganhar muito dinheiro. Quando você está infeliz com seu emprego, ou desempregado, ou atolado, isso parece um grande oásis no deserto.

Imagine como deve ser essa vida? Executar algumas poucas tarefas fáceis e enriquecer? Quem não gostaria disso? Então, por que você não conhece nenhum amigo ou familiar que viva assim? É óbvio, né? Porque isso não existe.

O SUCESSO PARECE RÁPIDO, MAS NÃO É.

A própria língua portuguesa favorece essa ilusão, nós falamos "ganhar dinheiro", mas ninguém simplesmente ganha dinheiro. Quem tem dinheiro teve de conquistá-lo. Essa ilusão de conseguir uma jogada milagrosa faz com que pessoas percam muito dinheiro e principalmente noites de sono.

Não existe dinheiro que venha magicamente em nossa direção, e toda época tem alguma promessa de corrida do ouro. A corrida do ouro pode ser achar que você vai criar uma start-up que será vendida por milhões de dólares em poucos meses; ter uma operação de vendas incrível por meio de marketing digital; desenvolver aplicativos com centenas de milhares de usuários; ser uma celebridade instantânea através de um canal no YouTube foi uma das corridas do ouro em que pessoas perderam muito dinheiro.

Acreditar em uma maneira de fazer dinheiro rápido trabalhando pouco é uma forma de ilusão muito perigosa.

Quer um exemplo?

A maior corrida do ouro na educação dos últimos tempos foram os MBAs. Quantos profissionais fizeram esse programa com a ilusão de que esse curso era um seguro-promoção ou, na pior das hipóteses, um seguro-antidemissão?

O MBA, porém, só assegura promoção se o aluno estudar muito, aplicar tudo o que aprendeu e trabalhar com afinco. Para quem só fez o curso para ter no currículo foi dinheiro gasto à toa.

> **ACREDITAR EM UMA MANEIRA DE FAZER DINHEIRO RÁPIDO TRABALHANDO POUCO É UMA FORMA DE ILUSÃO MUITO PERIGOSA.**

Qual a corrida do ouro atual?

O marketing digital.

Fazer marketing digital é ruim? Não, é ótimo.

Contudo, muitas pessoas entram nesse negócio achando que será muito fácil fazer um lançamento para faturar milhões de reais com um simples e-book e uma coleção de vídeos.

Da mesma maneira que acontece na carreira profissional, existem promessas de soluções fáceis em todos os setores da vida: amor, cooperação, relações familiares e tantas outras.

Toda vez que você abraça uma promessa de "solução fácil", acaba perdendo dinheiro, tempo, energia e fé na vida.

Qualquer negócio que mude a sua vida vai dar trabalho, não será resolvido rapidamente e ainda vai exigir bastante dedicação.

Por isso, é fundamental se despedir da ilusão!

Quem faz sucesso sabe exatamente quem é, o que a alma pede e está disposto a passar pelas tempestades – incluindo as tempestades de tédio que você pode ter de atravessar quando estiver fazendo a campanha de divulgação do seu negócio pela decima vez, editando um vídeo pela milésima vez, escrevendo o terceiro livro, mesmo tendo os dois primeiros negados por todas as editoras às quais você os apresentou.

Se você passa o tempo inteiro se perguntando por que as coisas não decolam, ou por que você não tem sucesso, eu posso responder em apenas uma frase:

Porque para um projeto dar certo, você tem de ter paciência, dedicação e muita entrega.

É assim no trabalho e também no amor.

TODA VEZ QUE VOCÊ ABRAÇA UMA PROMESSA DE "SOLUÇÃO FÁCIL", ACABA PERDENDO DINHEIRO, TEMPO, ENERGIA E FÉ NA VIDA.

Se você quer viver o casamento dos seus sonhos, vai precisar ter paciência, entender o outro, discutir muito a relação para aos poucos esse relacionamento ser do jeito que vocês querem.

Meu convite agora é para você pensar em quais dessas causas estão travando as suas realizações.

Consciência sempre é o primeiro passo para transformar sua vida.

Agora é o momento de aprender um método para você resolver esses pontos de atoleiro.

Preparado?

CAPÍTULO 3

decida PARAR de dar MURRO em ponta de faca

Na introdução, eu falei sobre minha transição de cirurgião para psicoterapeuta e disse que contaria a história completa, e aqui voltamos a esse caso.

Um dos maiores momentos de murro em ponta de faca, para mim, foi quando eu trabalhei como cirurgião em pronto-socorro.

Minha vida era um inferno porque precisava dar muitos plantões. Eu vivia estressado, chateado, irritado, mal-humorado com todo mundo. Meu sonho era ser terapeuta, mas eu não tinha coragem de largar a cirurgia para um salto no escuro. Na verdade, eu estava acomodado com o dinheiro que ganhava e, principalmente, com a falta de perspectiva da nova área. Se ainda hoje temos preconceitos com terapia, imagine há mais de quarenta anos.

Por isso, eu não via possibilidade de deixar o hospital, pois era um dinheiro estável, mas precisava trabalhar muito para ganhar o que ganhava. Só para você ter uma ideia, quando eu tinha uns 23, 24 anos, trabalhava quase todos os sábados e domingos. Além do trabalho, eu fazia vários cursos de psicoterapia, sonhava ser terapeuta, mas tinha medo de mudar.

Nesse primeiro momento, não percebi que já estava dando murro em ponta de faca. O dinheiro que recebia não era muito e eu não podia aumentar ainda mais meu ritmo de trabalho, pois já fazia sete plantões por semana e dormia somente de duas a três horas por noite.

Eu estava num impasse: não tinha talento para ser um grande cirurgião, mas estava sem coragem para assumir meu sonho.

Aí meu filho Leandro nasceu, e percebi que queria ficar mais tempo com ele, então parei de trabalhar aos sábados e só dava plantões aos domingos, de vez em quando. O que eu queria era ficar com ele.

Mesmo assim, eu ainda trabalhava muito. Nessa época, fazia terapia com um terapeuta argentino, que vinha uma vez por mês ao Brasil. Ele me dizia que estava na hora de eu largar a Medicina de pronto-socorro, de plantões e migrar para a terapia.

Eu escutava as orientações dele, mas o medo ainda me dominava. Pensava que ser um terapeuta era uma coisa para pessoas ricas.

Esse pensamento me reprimiu até que minha esposa e eu descobrimos que o Leandro não estava evoluindo como outras crianças. Depois de fazer vários exames, constataram que ele tinha muitas calcificações no cérebro – o que colocava em risco a vida dele. Eu entrei em desespero, pois acreditei mais no raio X do que na força do Leandro. Foi a pior semana da minha vida, porque aceitei a ideia de que o Leandro ficaria somente alguns poucos meses conosco. Até que, na semana seguinte, eu me dei conta de que deveríamos acreditar no potencial do Leandro e investir em um tratamento. Todos os médicos quiseram me fazer desistir desse projeto, eles diziam que seria muito caro e não daria resultado.

Quando, porém, o coração nos empurra não tem jeito: nós avançamos. Foi assim que começou a minha carreira de terapeuta; eu estabeleci um compromisso com o Leandro e decidi dar esse salto para a psicoterapia.

Montei um curso de psicoterapia do relacionamento, fiz as apostilas no mimeógrafo (lembra-se daquelas coisas? Não tinha impressora, não tinha fotocopiadora, tinha mimeógrafo!). Lotei o curso, mas mesmo assim, o dinheiro não era suficiente. Percebi que precisava ter alguns clientes de terapia, e assim foi o início da minha carreira de terapeuta.

A dor da doença e o amor pelo meu filho me inspiraram nessa transformação.

Eu não tinha nenhuma vocação para ser um grande cirurgião, imagine se tivesse ficado fazendo cirurgia.

Desde essa época, criei um método para me ajudar a dar esse salto e, depois, para ajudar os meus clientes a fazer essa transformação na vida deles. Agora, esse método está aqui para ajudar você a mudar a sua vida também!

Esse processo tem cinco passos. E, no meu caso, funcionou assim:

Primeiro, tive a consciência de que estava dando murro em ponta de faca me sentindo prisioneiro da minha carreira de médico cirurgião e decidi parar.

Segundo, escutei a minha alma, que gritava que estava mais do que na hora de assumir minha carreira de terapeuta e ser congruente com o impacto que queria causar no mundo.

Terceiro, um novo salto me fez assumir minha carreira de palestrante. Infelizmente o que me levou a dar esse salto foi o medo de perder a companhia do Leandro.

Quarto, desenhar minha nova carreira. No momento em que decidi lutar pela vida do meu filho, eu me lembro como se fosse hoje, desenhei o projeto de dar cursos de Psicologia e, algumas semanas depois, desenhei como seria minha carreira de psicoterapeuta.

Quinto, implementar o projeto. Ver os custos do tratamento do Leandro aumentando não me deu outra saída a não ser me tornar terapeuta.

Eu espero que você não tenha um drama na sua vida para dar essa grande virada. No entanto, devo dizer que fazer essa transformação é possível simplesmente quando você está motivado pelo desejo de ter uma vida melhor.

Talvez você queira me perguntar: "Roberto e o que aconteceu com o Leandro?"

Hoje ele está com quase 40 anos!

É lógico que a doença causou muitas limitações, mas a alegria de ver meu filho com vida faz valer todo o sacrifício.

Bem, agora a bola está com você.

Vamos conhecer em detalhes o primeiro passo do método que vai ajudá-lo a dar uma guinada na sua vida.

Você deve estar pensando: "Tá bom, Roberto. Eu já entendi muito bem por que está todo mundo dando murro em ponta de faca por aí. Mas como é que eu vejo onde eu estou errando?"

É exatamente isso que vamos fazer agora!

Pense: em quais áreas da sua vida você está frustrado? O que não está funcionando? Que coisas têm se repetido em sua vida?

Reflita sobre isso. Porque é assim que você vai acordar para a realidade e ter a percepção clara da sua situação. Eu chamo isso de "despertar da consciência".

E como é que a gente desperta a nossa consciência? Ela desperta quando entramos em contato com nossa alma, quando decidimos parar de ficar dando murro em ponta de faca e começamos a refletir e observar os fatos.

ENTRANDO EM CONTATO COM NOSSA ALMA

A grande questão é que paramos de nos escutar e ficamos surdos para as coisas que gritam dentro de nós.

Para mim, uma das histórias mais lindas da dinâmica da consciência é a do Pinóquio. Praticamente todos nós nascemos Pinóquios.

> **A GRANDE QUESTÃO É QUE PARAMOS DE NOS ESCUTAR E FICAMOS SURDOS PARA AS COISAS QUE GRITAM DENTRO DE NÓS.**

Se você se lembra da história, sabe que um carpinteiro chamado Gepeto, que era um artista, sentia-se sozinho e, por isso, resolveu fazer um boneco de madeira.

E é assim que a maioria de nós é feita: nossos pais estão se sentindo sozinhos e fazem os filhos para que eles deem continuidade aos seus sonhos abandonados e preencham sua solidão. Como ninguém acaba com a solidão de ninguém, com o passar dos anos muitos pais tornam-se ainda mais solitários.

Gepeto poderia combater a própria solidão com uma nova namorada, casando-se, entrando para um time de futebol, fazendo amigos, relacionando-se com pessoas que lhe abririam a mente. Em vez disso, porém, ele "dá um jeitinho" para ter companhia sem precisar mudar sua vida.

Será que você foi concebido para saciar vazios na vida dos outros? Enquanto você pensa, vamos continuar a história.

Gepeto, em vez de ser um pai companheiro, que orienta e acompanha o desenvolvimento do filho, acaba terceirizando essa experiência!

Em vez de ajudar o filho a desenvolver a própria consciência, ele deixa para a Fada Azul, a mesma que transformou o Pinóquio em menino, o trabalho de criar um Grilo Falante, que será a consciência do boneco.

Gepeto faz como boa parte dos pais, ao deixar outras pessoas serem a consciência de seus filhos.

E aí, o que acontece? Pinóquio sai e não vê autoridade nenhuma naquele Grilo Falante, assim como ninguém vê autoridade em uma consciência externa.

No caminho do primeiro dia de escola, ele conhece más influências e decide faltar na escola para ir ao circo com eles. Começa a fazer bobagens e não ouve nada do que o Grilo lhe diz. Ele se dá mal uma primeira vez, e lhe é dada a chance de se recuperar, indo para a escola no outro dia e tornando-se um bom menino. Entretanto, ele não estuda e vira um burrinho.

Cada vez que ele mente, seu nariz aumenta. Assim como uma pessoa que mente, sua consciência vai embora e não percebe a mentira em que sua vida se torna.

E ele sempre tem a oportunidade de se resgatar, mas acaba se perdendo na inconsciência.

> QUANDO NÃO TEMOS CONSCIÊNCIA DO QUE ESTAMOS FAZENDO FICAMOS REPETINDO O MESMO DRAMA COMO SE FOSSE UMA NOVIDADE IRRESISTÍVEL.

A mesma coisa acontece conosco: os problemas se repetem nos dando uma chance de perceber que algo não está funcionando. Quando nossa consciência percebe a repetição, ela se torna capaz de enfrentá-los.

Quando não temos consciência do que estamos fazendo ficamos repetindo o mesmo drama como se fosse uma novidade irresistível.

Eis então que Gepeto se mete em encrenca e fica preso na barriga de uma baleia. Pinóquio resgata a sua consciência, luta para salvar o pai, entra na barriga da baleia e os dois fazem uma fogueira! A baleia os cospe e os dois ficam livres. A Fada Azul então aparece e transforma Pinóquio num menino de verdade.

> **ESSE É O NOSSO DESAFIO: ESTAR CONSCIENTES! TER A CAPACIDADE DE ENXERGAR O QUE FAZEMOS E PARA ONDE NOS LEVAM NOSSOS ATOS. PARAR DE MENTIR SOBRE QUEM SOMOS PARA NÓS MESMOS E PARA O MUNDO.**

A consciência resgata a nossa condição humana.

Esse é o nosso desafio: estar conscientes! Ter a capacidade de enxergar o que fazemos e para onde nos levam nossos atos. Parar de mentir sobre quem somos para nós mesmos e para o mundo.

Só assim nosso nariz vai parar de crescer.

Pensamos que enganamos nossa família, nossos amigos e nossos clientes, mas na maioria das vezes as pessoas são generosas em nos deixar mentir sem ser confrontados. O problema é que a confiança delas em nós acaba escoando pelo ralo da pia da vida.

Porque não vemos nosso rosto quando estamos mentindo. Porque não olhamos para nós mesmos.

Contudo, chega uma hora em que precisamos olhar para dentro de nós, tomar consciência do que está em nossa alma e parar de dar murro em ponta de faca.

Quando você tiver a consciência da verdade poderá ver se o seu casamento já terminou e que nada tem a ser feito a não ser dizer adeus e chorar muito, ou que ainda tem amor e será importante lutar para resgatá-lo.

A sua consciência vai mostrar quando é tempo de lutar ou de se desligar.

Essa mesma consciência pode mostrar que chegou a hora de assumir sua vida e deixar a casa dos seus pais.

A SUA CONSCIÊNCIA VAI MOSTRAR QUANDO É TEMPO DE LUTAR OU DE SE DESLIGAR.

O que a gente precisa aprender com o Pinóquio é que a verdade liberta.

Não tem nenhum problema se você assumir "não vou fazer nada a não ser esperar minha aposentadoria", desde que esteja consciente disso. Qual a razão de você ter um monte de ideias e nunca as implementar? Talvez porque aquelas ideias não sejam suas de verdade!

O QUE A GENTE PRECISA APRENDER COM O PINÓQUIO É QUE **A VERDADE LIBERTA.** NÃO TEM NENHUM PROBLEMA SE VOCÊ ASSUMIR "NÃO VOU FAZER NADA A NÃO SER ESPERAR MINHA APOSENTADORIA", DESDE QUE ESTEJA CONSCIENTE DISSO.

Para continuar o despertar da consciência, temos um poderoso aliado: o silêncio. É ele que nos permite perceber a angústia que está dentro de nós, e você já aprendeu aqui quanto ela é importante.

O silêncio mostra a nossa verdade, aquela que não confessamos nem para nós mesmos. Pare um segundo agora para ficar em silêncio, com um papel e uma caneta e escreva: como tem sido o processo de resgate da sua consciência? O que você veria se observasse a si mesmo agora?

Nesse ponto os relacionamentos também são fundamentais, pois é por meio deles que nos enxergamos, eles funcionam como um espelho.

Por que seu pai o irrita tanto?

Por que seu filho é o gatilho da sua fúria?

Por que você foge de certas pessoas?

Por que Juliana arruma tantos motivos para brigar com o namorado?

Esses relacionamentos obrigam a gente a encarar aquilo que está escondido dentro de nós, eles são o nariz que cresce diante das nossas mentiras.

Eu quero que você tenha consciência, porque o sucesso só acontece para quem tem consciência.

Nossos pais que nos dão o nascimento físico, mas o nascimento do ser precisa ser dado por nós mesmos. Você está pronto para nascer?

Um dia, a Juliana percebeu isso. Era um domingo, ela estava em casa, sozinha. O namorado dela havia saído para comprar alguma coisa para o almoço e ela estava no sofá, com o celular na mão. Havia falado para ele que precisava responder uns e-mails do trabalho, senão na segunda-feira ela ficaria muito atarefada logo de manhã. No entanto, ela não entrou no e-mail. Entrou no YouTube e ficou assistindo a uma palestra sobre como mudar de vida. Até aí, nada de novo, porque ela sempre faz isso. Nessa palestra, porém, a palestrante contava uma história pessoal. Dizia que, um dia, olhou para o marido e viu que não o amava mais. Ela sentiu isso, do fundo do coração. E aí ela não esperou o tal "momento certo". Não esperou "o racional". Ela falou para o marido: "eu não amo mais você, amanhã vou embora". Levantou, fez as malas e foi embora mesmo. Foi uma decisão impulsiva? Não.

Aquilo estava na alma da palestrante havia muito tempo.

Juliana ficou mexida. Ela olhou para sua caixa de entrada do e-mail e pensou que era daquilo que queria se divorciar.

O SILÊNCIO MOSTRA A NOSSA VERDADE, AQUELA QUE NÃO CONFESSAMOS NEM PARA NÓS MESMOS.

Ela não amava mais o trabalho.

Então o namorado dela entrou na sala. Percebeu que ela estava corada, meio ofegante. Perguntou se tinha acontecido alguma coisa. Ela virou para ele e falou: "Desde que meu chefe mudou eu odeio meu emprego. Cansei de fingir que gosto do que estou fazendo.". E ele disse: "Juliana, todo mundo sabe que você não gosta mais do seu trabalho, só você parece não saber. Eu esperei muito tempo para ouvir você falar isso com todas as letras.".

Aquilo trouxe um alívio enorme para ela, porque o trabalho era sua grande amarra. O trabalho a deixava infeliz com tudo na vida – até com o namorado! Porque ele, que é fotógrafo, ama o trabalho dele. Ele rala, não ganha muito dinheiro, mas está sempre com um sorriso no rosto. E ela invejava esse sorriso, tanto que os dois tinham brigas horríveis porque ela dizia que ele não ia chegar a lugar nenhum. Juliana não entendia que ela é que não ia chegar a lugar nenhum, porque não estava conectada com sua alma, mas ele estava. Agora, porém, as coisas iam mudar de verdade, ela estava sentindo. E o namorado dela, pela primeira vez, acreditava que tudo ia mesmo se transformar. Ela estava diferente, não estava reproduzindo uma história de sucesso de outra pessoa. Estava se conectando consigo mesma.

E as situações que se repetem? Assim como os relacionamentos nos ajudam a despertar a consciência, pois nos espelham, as repetições também contribuem demais para despertá-la.

Será que você tem na sua vida essas situações que se repetem? Em que área dela?

Vamos observar um mapa da sua vida e tentar enxergar onde pode existir esse tipo de situação.

Separe um tempo e fique em lugar calmo. Agora é a hora de fazer uma análise da sua vida, de dentro para fora.

Olhe o diagrama abaixo e estude com atenção.

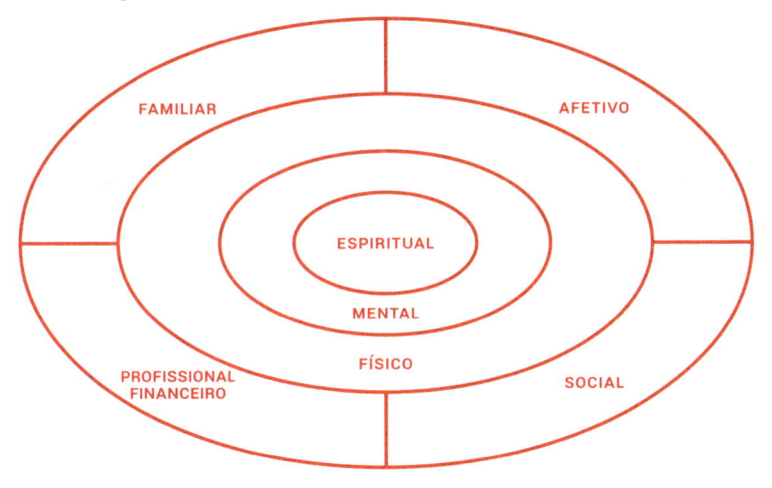

Aqui está a representação da sua vida em áreas e papéis.

Nós temos as áreas espiritual, mental e física.

Como está a sua espiritualidade?

Como está a sua mente?

Sentindo alegria de viver ou ficando depressivo e preocupado?

E a sua área física?

Bem-disposto ou vivendo com cansaço e falta da energia?

Em seguida, observemos como vão os papéis.

Como está sua área afetiva e sexual?

E o relacionamento com a família?

Como vai sua carreira profissional e as finanças?

Como está sua vida com os seus amigos?

Agora quero que você reflita sobre como você está em cada uma dessas esferas.

Comece pela esfera espiritual e pense como você encara a vida espiritualmente. Não estou falando de religião, mas do modo como você vê e encara o mundo – não com o racional, mas com o espírito.

Depois, pense em sua saúde mental: como estão seus sentimentos e sua racionalidade? Você consegue atingir um equilíbrio entre os dois aspectos?

Agora, reflita sobre sua saúde física: seu corpo está pronto para o dia a dia ou você precisa se fortalecer? Você está aguentando a pressão ou seus músculos estão fracos demais?

Aí, entre nas áreas.

Vamos começar pela afetiva.

A pessoa que você ama também o ama? E o respeita? Você pode compartilhar sonhos e medos com ela? Pode ser quem é ao lado dessa pessoa? Aliás, você tem um companheiro ou uma companheira?

Se não tiver, sente-se confiante para viver um grande amor?

Agora, pense um pouco em sua esfera familiar.

Como é seu relacionamento com a sua família? É de parceria ou é de sufocamento? Você gosta de dedicar tempo aos seus parentes ou isso o incomoda?

Hora de pensar na esfera social.

Você se sente acolhido pelos seus amigos e colegas? Tem dificuldade ou facilidade de conhecer novas pessoas? Sente-se bem ou mal num evento com desconhecidos?

Por último, pense em sua vida profissional/financeira.

Você está feliz com a sua carreira? Se não está, sabe o que falta fazer para chegar lá? Você tem uma definição própria de sucesso ou se guia pelos outros?

Agora que você refletiu, quero que entenda o seguinte: todos nós temos todas essas esferas e conseguir preencher cada uma delas é decisivo para a nossa vida. O importante, porém, é que esse preenchimento venha de dentro para fora. Se não for assim, tudo desmorona.

Essa coisa de "de dentro para fora" mostra uma inversão de valores, certo? Hoje nós temos um raciocínio de "quando conseguir ganhar dinheiro o suficiente, vou voltar a fazer exercício físico", ou "não tenho tempo nem dinheiro para terapia agora, preciso terminar aquele projeto.". Contudo, enquanto você não olha para o seu núcleo, suas necessidades profissionais, afetivas, sociais, ficam todas pela metade. E você acaba fazendo muito esforço por elas com pouquíssimo resultado. É o tal "murro em ponta de faca".

Olhe bem para esse desenho e tenha a coragem de reconhecer em qual pedaço dele você está mais frustrado. Como eu disse antes, hoje é raro alguém que tem apenas uma área de frustração, é normal estar assim em duas ou mais.

Eu o convido a fazer mais uma reflexão: em que parte da vida você não consegue mais voltar ao que era antes, mas também não consegue ser uma coisa nova? Talvez você sinta que, neste momento, todas as áreas estão frustradas na sua vida. Não tem problema. O importante é despertar a sua consciência!

Agora, com esse mapa construído, escreva quais são as situações estressantes que se repetem em sua vida. Em quais áreas você identifica essas repetições? Elas têm algum ponto em comum?

Lembre-se de que repetições são situações em que você está dando murro em ponta de faca e conhecê-las é essencial para mudá-las e transformar sua vida!

Nunca se esqueça de que você é maior do que tudo que pode estar acontecendo de negativo na sua vida.

CAPÍTULO 4

seja congruente com o IMPACTO que você QUER CAUSAR no mundo

Para atender ao que o título deste capítulo diz, você precisa conversar com sua alma e respeitá-la.

Isso me faz lembrar de uma história da tradição indiana.

Alguns mestres dizem que o ser humano tinha três olhos. A terceira visão, que era um olho que saía da testa através de um tentáculo, um pouco acima da junção dos seus olhos, e esse olho servia para vermos a nós mesmos.

Os povos começaram a entrar em guerras e durante as batalhas esse olho atrapalhava, porque ficávamos nos vendo com medo e fazendo coisas horríveis, e aí as pessoas começaram a arrancar esse terceiro olho e, partir daí, a nossa consciência dos nossos atos foi desaparecendo.

Desde então, somente poucas pessoas têm a capacidade de ver a si mesmas como são de verdade. Nossa missão deve ser resgatar a consciência do impacto que causamos nos outros.

Vou repetir: um dos pontos mais importantes para saber se estamos agindo de acordo com nossa alma é avaliar se o impacto que estamos causando no mundo é o impacto que queremos causar. Sobretudo hoje, uma época em que se fala muito de impacto.

> **NOSSA MISSÃO DEVE SER RESGATAR A CONSCIÊNCIA DO IMPACTO QUE CAUSAMOS NOS OUTROS.**

Os experts dizem que precisamos impactar os clientes, a audiência, os seguidores, o companheiro e a família.

Eles têm razão, mas há um ponto nessa ideia que precisa ser esclarecido: nós estamos produzindo impactos o tempo todo. Sejam positivos, sejam negativos. Estamos causando uma reação nos outros permanentemente.

Impacto é o efeito que você causa nos outros, são as suas ações refletindo no planeta.

Entretanto, impactar não é somente efeito de suas ações surpreendentes, por exemplo, quando convida sua esposa para um jantar romântico ou quando leva seus melhores clientes para assistir à Copa do Mundo.

Impacto é o resultado do que você causa nas pessoas por suas ações no dia a dia.

O impacto é fácil de ser visto no cotidiano, pois cada ação nossa causa impacto, até as mais simples.

IMPACTO É O RESULTADO DO QUE VOCÊ CAUSA NAS PESSOAS POR SUAS AÇÕES NO DIA A DIA.

Se você é um funcionário que sempre atrasa a entrega do seu trabalho você gera um impacto de decepção no seu chefe.

E não para por aí. Você faz seu chefe passar por incompetente com o chefe dele. Além disso, a sua ação pode fazer com que, muitas vezes, seus colegas passem por irresponsáveis quando também atrasam a entrega do trabalho porque você o entregou atrasado. Pode até prejudicar o resultado da empresa, porque seu atraso faz toda a cadeia se atrasar. Isso é impacto. Quando estão com você, têm um impacto de frustração, e quando você vai embora, o impacto é de muita comemoração por não precisarem conviver com alguém que sempre se atrasa.

Outro exemplo: se você pisar em uma calçada recém-pintada, seus pés cheios de tinta vão deixar pegadas por muitos metros. Na verdade, eles deixarão marcas por uma extensão ainda maior do que a da calçada que sujou seus sapatos. Isso é impacto: a pegada que você deixou na vida das pessoas. É a dinâmica dos impactos agindo.

Hoje muitas pessoas falam de propósito e missão de vida. Esses temas são fundamentais, mas eles passam pelo impacto que você quer ter no mundo e o impacto concreto que você está causando ao seu redor.

A diferença entre esses impactos mostra como você escuta e valoriza a sua alma.

Pare e pense por um momento.

Que tipo de filho você é?

Que tipo de companheiro você é?

Que tipo de pai você é?

Que tipo de profissional você é?

Que tipo de amigo você é?

Quanto mais perceber a sua incongruência, mais vai entender o sofrimento da sua alma.

Imagine um pai que bebe demais e começa a arranjar briga com a mulher e os filhos. Os filhos passam a ter medo de chamar qualquer amigo para jantar, porque sabem que, a partir de certo horário esse homem já não é mais ele mesmo: torna-se uma versão que humilha e machuca todos à sua volta e sequer pede desculpas no dia seguinte. Se esse homem escutar a própria alma, não vai querer causar esse estrago na vida das pessoas que ele diz que ama.

Ou então a mulher que não ama mais o marido e começa a se distanciar educadamente daquele homem. Não quer se separar, pois não consegue se sustentar sozinha, mas evita tocá-lo, não deseja mais fazer sexo, trata o antigo parceiro com uma grande distância e a menor intimidade possível. Isso tem um impacto muito forte sobre o marido, afinal, ela está encerrando o relacionamento sem conversa nem transparência. Esse impacto vai guiar as ações dele dali para a frente.

Quer um exemplo profissional? A sua empresa que não produz felicidade para os seus clientes pois seus produtos estão ultrapassados ou o atendimento é sofrível.

Seu impacto verdadeiro é a diferença entre o seu propósito e o que você de fato vive.

Quando escutarmos nossa alma vamos perceber claramente o que queremos realizar no mundo.

SEU IMPACTO VERDADEIRO É A DIFERENÇA ENTRE O SEU PROPÓSITO E O QUE VOCÊ DE FATO VIVE.

Vamos identificar quais são nossos talentos e quais são nossos não talentos.

Eu, por exemplo, tenho talento para ajudar as pessoas a realizar suas metas, mas não tenho talento para ser um administrador de finanças de empresas, ou seja, não será produtivo eu me propor a cuidar das finanças da minha empresa; é muito mais produtivo encontrar um sócio que seja muito competente nessa área ou contratar alguém com esse talento.

As situações de frustação que se repetem na sua vida acontecem porque você não respeita a sua alma. Você sabe, pelo resultado, que insistir em ficar casado com uma pessoa que não valoriza você é uma forma de "aniquilar" a essência dessa pessoa, mas também é uma forma de manter sua autoestima baixa.

Na hora em que você escutar sua alma vai perceber que ela está cansada de ser humilhada por não ser amada.

Por isso é importante pensar na sua dinâmica de impactos.

Quando você perceber que há situações de murro em ponta de faca, que em vez de criar felicidade somente criam dor, vai descobrir que é chegada a hora de se despedir delas.

Pode ser um empreendimento, um relacionamento ou mesmo um projeto com um filho.

Educar o seu filho para uma alimentação saudável é importante? Sim, é muito importante, mas é algo que tem de nascer do sentimento de amor e companheirismo. Esse trabalho fica distorcido quando os pais se tornam dois carrascos capazes de destruir a autoestima do filho para que ele adote um padrão de alimentação.

Sua alma está infeliz em fazer esse trabalho?

Veja se chegou a hora de pelo menos mudar a sua atitude.

Quando estiver vivendo uma situação murro em ponta de faca é hora de olhar para dentro de si e refletir sobre os seguintes pontos:

1 Estou criando uma situação de felicidade para mim e para as pessoas envolvidas nessa situação.

2 Qual o fim que eu gostaria que acontecesse para essa situação?

3 Como posso criar felicidade para todas as pessoas envolvidas nessa situação, mesmo que tenha um momento temporário de dor?

4 Será que estou vivendo uma corrida do ouro com a
expectativa de uma solução mágica?

5 O que eu vou escolher para minha vida?

O impacto que você gera na sua vida e na dos outros nasce da
essência.

Quem cria infelicidade não pode viver com paz de espírito.

Tudo de que você precisa é estar consciente da voz da sua alma –
aquela conselheira que você pode estar sufocando.

Foi essa voz que Juliana começou a ouvir naquele domingo em
que disse com todas as letras que odeia o emprego. Ela está percebendo que sua vida está toda errada porque não está conectada com
a própria alma e, agora, a essência está gritando.

Chegou a hora de todos começarmos a escutar o que ela tem a
dizer, por isso é importante que você **mergulhe na jornada da sua
alma e crie a vida pela qual ela anseia.**

TUDO O QUE VOCÊ PRECISA É ESTAR CONSCIENTE DA VOZ DA SUA ALMA – AQUELA CONSELHEIRA QUE VOCÊ PODE ESTAR SUFOCANDO.

Somente quando estamos em paz com a nossa consciência é que conseguimos nos desapegar de uma situação estressante que nos prende neuroticamente

As mestras da *raja yoga* dizem que, ao contrário do que a maioria das pessoas pensa, nós não somos um corpo que carrega uma alma, mas uma alma que carrega um corpo.

O corpo é passageiro, mas a alma tem a sabedoria da permanência. Se a gente tiver essa dimensão, de que a alma é o principal acontecimento da nossa passagem pelo planeta, teremos esses encontros entre almas, conseguiremos saber o caminho que temos de seguir.

> **VOCÊ É A SUA ALMA E NÃO O SEU SALDO BANCÁRIO, SUA CARREIRA, SEUS BENS, SUA AUTOIMAGEM... POR QUE PRIORIZAR AQUILO QUE É TRANSITÓRIO E NÃO AQUILO QUE MANDA NA MUDANÇA DE TODAS AS OUTRAS COISAS?**

Para entender melhor o que estou tentando dizer, há um ótimo exemplo. Quando vamos passar férias num hotel, sabemos que tudo o que vamos viver nesse lugar é um acontecimento temporário. Chegamos ao hotel e ficamos felizes com algumas coisas e frustrados com outras. No entanto, sabemos que tudo o que estamos vivendo vai durar só um período e que o retorno para casa é inevitável. A nossa vida material é como esse hotel: é uma passagem – e uma passagem muito rápida! Essa passagem existe para fazer a alma evoluir, para que você cresça e impacte outras pessoas a crescer também. Por isso não adianta focar a sua imagem ou a coleção de bens materiais ou pessoas.

Você é a sua alma e não o seu saldo bancário, sua carreira, seus bens, sua autoimagem...

Por que priorizar aquilo que é transitório e não aquilo que manda na mudança de todas as outras coisas?

Quando temos essa dimensão de que estamos passando férias neste planeta, temos a possibilidade de procurar aprender e evoluir, fazer o bem e ajudar as pessoas. Ninguém vai para uma viagem de férias e fica construindo cem casas, comprando cem lojas ou comprando trinta carros nesse local, porque, no fim, não vai levar nada disso. A grande lição da nossa jornada da alma é essa dimensão evolutiva, não deixar o medo e o apego dominarem a nossa alma.

Quero convidar você a se relacionar com as pessoas com a consciência de que você é uma alma que está num corpo e esse corpo está vivendo aqui temporariamente, bem como a alma das pessoas queridas que carregam o corpo delas como carregam suas roupas.

Pense se você quer se relacionar com a essência dessa pessoa ou com suas roupas, seu dinheiro, suas casas e seus carros?

➜ CONECTE-SE COM O SEU SILÊNCIO

Aí você deve estar perguntando: "Mas, Roberto, como eu passo a ter essa compreensão de alma? E por que isso tem a ver com o próximo nível que quero atingir?".

A alma é o GPS do seu próximo nível. Entretanto, esse GPS só é ativado quando a gente se conecta com a gente mesmo, por isso eu disse que ficar quieto e sozinho é tão importante. Algum tempo atrás, tive a oportunidade de ir à Floresta Amazônica e ficar em silêncio. No começo, olhamos para as árvores, depois para os animais, depois para o céu, depois para a luz. Até que começamos a olhar para os nossos diálogos internos. E depois que tudo isso vai passando, a gente entra em contato com a nossa alma.

Abrace o silêncio de ser você mesmo pelo menos algumas vezes ao longo do seu dia, da sua semana, do seu ano. Estar em silêncio vai permitir que você escute quem você é. Caminhe um pouco sozinho, esqueça o celular por algumas horas, fique sem fazer nada por uma tarde. Assim a gente escuta a alma. E isso é essencial! Quando não ouvimos a nossa alma, fica muito difícil seguir com qualquer plano. Quando Juliana me procurou, ela queria resolver seu problema de procrastinação. As conversas foram avançando e eu entendi que a procrastinação da Juliana não tinha a ver com o fato de ela não conseguir se concentrar, e sim com o fato de que ela não escutar a própria alma. De nada adianta a produtividade quando você está buscando um sucesso que não é o seu ou um projeto de vida que lá dentro não diz nada para você. Aí eu sugeri: "Juliana, você precisa ter um tempo com você mesma para se ouvir mais; não me venha dizer que está sem tempo, arrume um tempo para você". Ela me levou a sério e começou a caminhar sozinha. Todos os dias de manhã, bem cedinho, ela caminha sem levar nada: nem fone de ouvido, nem celular. Por uma hora, ela só se conecta com ela mesma e tenta deixar de lado todas as pressões que sofre (da empresa, da família, do namorado, dela mesma). Durante as caminhadas, ela tenta ouvir a alma, e foi num desses momentos, dias depois daquele domingo com o namorado, que ela notou que o ódio dela não é com o trabalho, mas com o que ela está entregando no trabalho. Ela não vê mais um propósito nem admira o chefe. No entanto, ainda gosta da empresa. Juliana começou a perceber que, para a sua alma, o problema não é o crachá que ela carrega, mas o que ela está fazendo com aquele crachá. A alma ainda não lhe disse o que fazer, mas o caminho estava ficando mais sólido.

> **DE NADA ADIANTA A PRODUTIVIDADE QUANDO VOCÊ ESTÁ BUSCANDO UM SUCESSO QUE NÃO É O SEU OU UM PROJETO DE VIDA QUE LÁ DENTRO NÃO DIZ NADA PARA VOCÊ.**

Essa atitude de Juliana é a do observador. Os mestres indianos nos dizem para observar as coisas da vida, nossos pensamentos e nossos sentimentos como se fôssemos uma criança sentada no topo da montanha olhando os carros que passam na estrada. Então, por exemplo, se vemos um caminhão passando, podemos achar bonito, grande, pequeno, feio, mas sabemos que não é nosso caminhão, não somos o motorista dele. Aí passa um carro todo velho, quase quebrado.

Nós olharmos e sabemos que não somos o motorista dele, que talvez esteja aflito. Passa um carro bonito, extravagante e também não somos o dono ou o motorista. Quando entramos num estado de meditação, de observação do silêncio, começamos a perceber que, primeiro, passam os fatos na nossa mente, passam os compromissos que a gente tem e não está cumprindo. Depois, começam a passar as coisas que fizemos para os outros, o que os outros fizeram conosco. Então, observamos os pensamentos, de que as pessoas são boas ou más. Aí vêm os sentimentos, as tristezas, as angústias, o amor, os afetos. E cada um desses pensamentos e sentimentos é como os veículos que passam na estrada. Percebemos que não somos os donos deles, começamos a ver que chega um momento em que não existem acontecimentos, nem pensamentos nem sentimentos. Existe somente a nossa alma. E aí criamos espaço nas revelações da nossa alma e começamos a nos desprender dessa consciência de corpo, das angústias improdutivas, das preocupações.

Começamos a ver que somos viajantes passando férias neste maravilhoso planeta com esses companheiros de viagem. E que um dia a gente vai viajar para outras dimensões que serão viagens temporárias de aprendizado e de lição até o dia em que não precisaremos mais viajar e seremos o estado puro da nossa alma.

Por isso, dê um presente para você: a cada escolha na sua vida, pergunte-se: "O que isso tem a ver com a minha alma?".

Um caminho sem alma somente vai trazer perda de paz de espírito, enquanto uma escolha com a alma inevitavelmente vai trazer a sensação de significado de viver.

CAPÍTULO 5

construa VÍNCULOS {♥} profundos

UM DOS SEGREDOS DO SUCESSO NÃO É TREINAR MIL COMPETÊNCIAS TRÊS VEZES, MAS SIM TREINAR MIL VEZES SOMENTE TRÊS COMPETÊNCIAS.

Agora que você está escutando a voz da sua alma é hora de começar a realizar seus projetos. Um movimento fundamental para fazer isso é se aprofundar nesse desafio.

Depois de ajudar tantas pessoas, aprendi que não importa qual seja a questão: um casamento complicado, dificuldade em encontrar o emprego da sua vida, construir a sua marca ou as constantes brigas com o seu pai, o importante é você mergulhar profundamente na superação dessa dificuldade.

Se você quiser encontrar água para a sua fazenda terá de cavar um poço. Vamos imaginar que na sua fazenda o lençol freático esteja a dez metros de profundidade. Portanto, se você quiser ter água nesse poço, vai ter de primeiro medir onde tem água com técnicas específicas para isso e depois cavar até atingir a profundidade de dez metros.

> **NÃO IMPORTA QUAL SEJA A QUESTÃO: UM CASAMENTO COMPLICADO, DIFICULDADE EM ENCONTRAR O EMPREGO DA SUA VIDA, CONSTRUIR A SUA MARCA OU AS CONSTANTES BRIGAS COM O SEU PAI, O IMPORTANTE É VOCÊ MERGULHAR PROFUNDAMENTE NA SUPERAÇÃO DESSA DIFICULDADE.**

O que milhões de pessoas fazem?

Perfuram poços de menos de dez metros, muitas vezes dezenas desses poços. Observe que elas têm um trabalho imenso, perfuram poços o tempo todo, mas nunca conseguem água.

Será que você está fazendo isso?

Perfurando poços superficiais.

Se for assim, você vive cansado, desesperado e estressado sem perceber que o segredo da realização não é abrir mais um buraco, mas sim aprofundá-lo.

Nós vivemos em uma sociedade que estimula "o ficar", um mundo em que a maioria dos objetos são descartáveis e muitas pessoas tratam a própria vida como algo descartável.

Hoje muita gente sai para uma festa e volta dizendo que beijou dez pessoas. Beijar dez pessoas é como beijar um objeto!

Se você beijar seu telefone neste momento, dá na mesma, pois não tem conexão.

Quando uma pessoa vive para ficar, ela permanece na superficialidade e não cria vínculos.

Ela poderia ter o máximo e escolheu ter o mínimo.

Sem profundidade vivemos na pobreza.

Vivemos um momento em que as pessoas escolhem ser desnutridas de amor.

QUANDO UMA PESSOA VIVE PARA FICAR, ELA PERMANECE NA SUPERFICIALIDADE E NÃO CRIA VÍNCULOS.

Beijar dez pessoas em uma noite é estar como um morto de fome de afeto. Não se engane, você está optando pelo mínimo que aquela experiência do encontro oferece a você.

Dentro dessa dinâmica, até os sonhos das pessoas tonam-se descartáveis; elas vão trocando de sonho como trocam de roupas.

Neste mundo consumista, vive-se o consumo de outras pessoas como se isso não tivesse nenhum impacto negativo sobre a realização dos sonhos.

Resumindo: se você quer realizar um sonho, precisa se casar com esse sonho. Construir um vínculo profundo entre a sua alma e a sua realização.

Hoje existe o mundo do ficar em todas as áreas

Você começa a "ficar" profissionalmente. Na primeira vez em que seu emprego o desagrada, você pensa em tantas oportunidades que existem lá fora e simplesmente pede demissão.

Você "fica" com seu projeto de abrir uma empresa, e na primeira encrenca que tem com o contador já pensa que aquele negócio é complicado demais e o troca por outra ideia.

Se você está com dificuldade no casamento, na primeira dificuldade já começa a manipulação: se não for como quero eu vou embora.

Isso é frase de quem não se "casou com o casamento". Foi à cerimônia, assinou os papéis, mas não se comprometeu de verdade.

Existem pessoas que não precisam de divórcio porque mesmo casadas sempre continuaram a pensar como solteiras.

Há pessoas que querem ser palestrantes, mas nas primeiras dificuldades simplesmente procuram outra profissão com a qual "ficar".

Se você quer realizar um sonho terá de comprometer-se de verdade, casar-se com ele, entrar nesse barco para valer!

Quando você quiser sair do impasse, vai precisar assumir um compromisso consigo mesmo, com a sua alma e com a sua essência!

Calma, não estou falando do casamento na forma literal, legal ou religiosa, mas da essência do casamento, que é uma lição. Casamento é vínculo, e para que o seu grande sonho aconteça você vai precisar ter esse tipo de vínculo.

> **QUANDO VOCÊ QUISER SAIR DO IMPASSE, VAI PRECISAR ASSUMIR UM COMPROMISSO CONSIGO MESMO, COM A SUA ALMA E COM A SUA ESSÊNCIA!**

Não adianta só "querer" algo, você terá de assumir um compromisso. E é disso que hoje muita gente tem medo.

A maioria das pessoas quando entra em um relacionamento, um emprego ou um negócio, já olha a saída de emergência antes de começar a realizar o projeto.

Pode parecer estranho, em um livro sobre realização pessoal, eu ficar falando de casamento, mas quando você entende de fato o que isso significa, tudo faz sentido.

Casamento é viver o amor na prática, é viver o amor quando ele não é amável, viver o compromisso em momentos em que parece que você estaria melhor se fosse sozinho. Quem é casado de verdade sabe do que estou falando. Nós temos de assumir um compromisso com a pessoa que vai muito além do que você sente naquele momento, da paixão de todos os dias. Há dias em que você quer simplesmente distância da pessoa com quem se casou! No entanto, essa pessoa é muito maior do que aquele dia, ela vale você passar por aquele momento amargo e lutar pelo que pode dar certo.

"Roberto, mas eu tenho de aguentar qualquer coisa para manter um casamento?"

Não, quando houver um relacionamento destrutivo, é hora de parar de dar murro em ponta de faca e abandonar um casamento específico para manter um compromisso de ter um relacionamento afetivo amoroso.

Precisamos entender a dinâmica da vida.

O começo é quase sempre muito gostoso, pode ser um relacionamento, um esporte, um emprego ou até uma empresa.

Ótimo. É assim mesmo, mas à medida que queremos ampliar nossos projetos os desafios começam a aparecer.

➡ ÀS VEZES VOCÊ SE CASA COM UM "FICANTE", QUE É UMA MANEIRA DE NÃO SE CASAR

Há uma história muito singela lá de casa...

Minha filha Marina começou a tocar guitarra.

Em menos de dois meses ela já havia tocado em três eventos com a minha banda. Começou com uma música, duas e, no final, já estava acompanhando a banda no show inteiro. E por que estou falando isso? Para exemplificar que começar é fácil. Ela começou, simples.

Agora, chegar onde os feras da música estão dá trabalho.

Ampliar o *setlist* de dez músicas fáceis de uma banda familiar é muito desafiador. Tornar-se um músico de qualidade leva anos e muitos momentos de tédio que o artista enfrenta porque tem compromisso com a própria decisão.

Isso me lembra de outra história.

O mestre Gurdieff ajudou muitas pessoas a atingir a iluminação, pois levava seus discípulos à entrega total.

Contam uma história sobre ele, que uma vez mandou seus discípulos entrar no mar até a cintura e ficar olhando o oceano em atitude de meditação. Todos os discípulos toparam a experiência, mas à medida que começou a sentir frio uma boa parte dos discípulos sentiu incômodo e pensou: "Vou embora, o mestre nos esqueceu" e saiu do mar.

Outra parte confiou que o mestre sabia o que estava fazendo e permaneceu ali, seguindo as instruções. A maré começou a subir e os discípulos permaneceram. Quando a água começou a passar da boca dos discípulos, essa parte pensou "Gurdieff não sabe o que está fazendo, ele se esqueceu de nós ou quer nos matar", e saiu do mar.

Somente um discípulo permaneceu porque pensou: "O mestre sabe o que está fazendo, sabe que a maré subiu e sabe que estou aqui, isso deve ter algum sentido e quero experimentar, não vou desistir".

Quando a água lhe chegou ao nariz, o mestre o chamou de volta, e, assim o discípulo percebeu que existem medos, dificuldades e incômodos no meio do caminho, mas ele só conheceu o seu verdadeiro poder porque teve coragem de avançar até o fim.

Quando nós entramos em um projeto, precisamos enfrentar um ciclo de ideias que passam por nossa mente que pode nos fazer desistir. O primeiro é o pensamento de que se tiver um incômodo pode largar; se o frio bater, pode desistir; quando o risco se apresentar, você deveria correr dele. Assim acontece tanto em nossa carreira profissional quanto em nossos relacionamentos, mas nós precisamos ter a coragem e a disciplina de avançar mesmo com todas as distrações.

Se você deseja obter resultados claros e expressivos, a minha grande sugestão é: em vez de querer fazer tudo de forma rasa, superficial, escolha uma coisa, crie um vínculo real com ela e avance até as últimas consequências.

Não adianta começar um curso todos os meses, pensar em um novo projeto a cada seis meses e encher a agenda com a sensação de movimento sem se mover de verdade em direção a nenhum objetivo.

Juliana, pela primeira vez na vida, começou a cavar um poço numa direção só. Por quê? Porque ela está realmente conectada com a própria alma. Lembra quando eu contei que, numa manhã, ela estava caminhando e percebeu que não odeia o emprego, mas sim a direção que a carreira dela está tomando na empresa? Então, nesse mesmo dia ela foi conversar com uma amiga do trabalho, que é quase uma mentora. E ela disse: "Juliana, você tem tantos projetos bons na cabeça, porque você não escolhe um deles para investir de verdade, mas aqui na empresa? Por que você não fala com o seu chefe e se compromete a fazer tudo o que você já faz, mas, também, esse novo projeto? Assim você vai voltar a ter prazer e parar de andar em círculos!". Essa amiga foi um anjo na vida de Juliana. Ela percebeu que precisava disso: comprometer-se com o que ela ama! Precisava parar de começar vários poços e começar a cavar numa direção só. Ela saiu feliz do café com a amiga. Naquela noite, Juliana foi para casa e desenhou todo um projeto de marketing digital que a empresa poderia aproveitar e que ela poderia coordenar. Havia muito tempo que ela não se sentia tão feliz. Ela já estava criando vínculos com o projeto porque aquilo falava com a alma dela. Aquilo era o que ela queria ser.

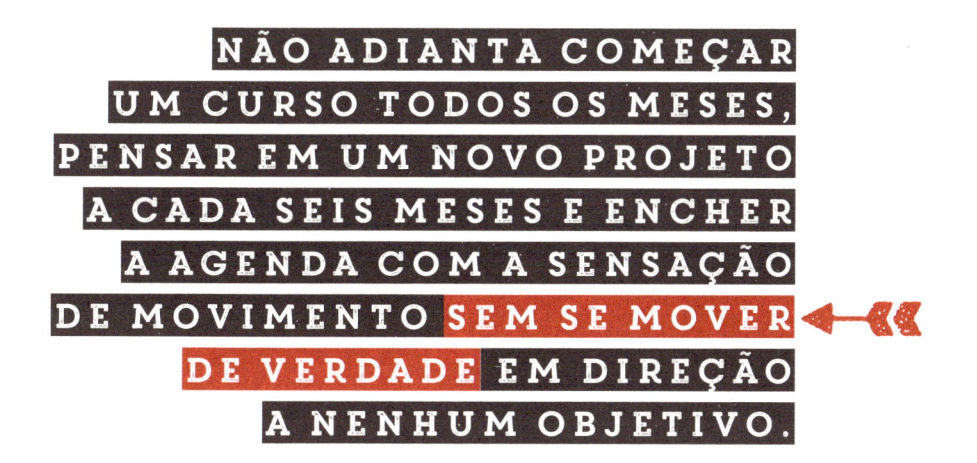

> NÃO ADIANTA COMEÇAR UM CURSO TODOS OS MESES, PENSAR EM UM NOVO PROJETO A CADA SEIS MESES E ENCHER A AGENDA COM A SENSAÇÃO DE MOVIMENTO SEM SE MOVER DE VERDADE EM DIREÇÃO A NENHUM OBJETIVO.

E é isso que você precisa fazer agora: casar-se com um projeto.

Você está disposto a fazer essa mudança de atitude?

Tenho certeza de que sim.

Escolha e assuma.

Está na hora de parar de ficar e casar-se com os seus sonhos.

CAPÍTULO 6

DESENHE a sua VIDA

A gora que você se conhece melhor, chegou a hora de se fazer a seguinte pergunta: "O que você faria se tivesse a oportunidade de começar tudo de novo?".

Provavelmente hoje você vive uma vida que não é a que você gostaria de viver. Para alguns, as escolhas foram feitas baseadas na necessidade, para outros, na comodidade, para outros ainda, na ganância ou até no desejo de agradar os outros.

Isso revela que as pessoas ainda não encontraram um modo de viver consciente e definido por elas mesmas, sem ser determinado por experiências do passado.

> **É POSSÍVEL CRIAR A VIDA DOS SEUS SONHOS INDEPENDENTEMENTE DO SEU PASSADO E ATÉ DO SEU PRESENTE.**

Quando eu era criança, nós vivíamos em uma comunidade e minha mãe dizia: "O Beto, quando crescer, vai ser médico". E quando as amigas dela diziam: "Benedita, você é louca! Como alguém aqui da vila vai ser médico? Tira isso da sua cabeça e ensina o Roberto a trabalhar na farmácia como o Paulo, ele já vai ganhar melhor que todo mundo por aqui.". Minha mãe respondia: "Não! Não importa onde eu vivo nem de onde eu venho, o que realmente importa é aonde eu quero chegar.".

Sem dúvida, todos os filhos da dona Benedita aprenderam com ela a chegar aonde queriam.

É bem provável que eu tenha feito Medicina para agradar meus pais. Eu me lembro da alegria com que meu pai perguntava sobre minha vida nos hospitais, como ele tinha orgulho daquilo tudo. Entretanto, felizmente, logo pude sair daquela rotina do hospital e montar meu consultório de terapia – que era o que eu de fato queria fazer. O que aprendi com minha mãe foi que é possível criar a vida dos seus sonhos independentemente do seu passado e até do seu presente.

Será que você tem a profissão que gostaria ou mesmo um negócio que tem a ver com a sua personalidade?

Será que no desenho da sua vida existe um respeito à sua forma de pensar? Existe a valorização dos seus talentos? Existe a consciência do que o faz feliz?

Se as respostas para essas perguntas são negativas, está na hora de mudar. Você topa redesenhar sua vida comigo?

Quando simplesmente damos sequência à vida que vivemos, corremos o risco de perder muito tempo querendo ser quem não somos, querendo criar um talento que não temos e, sobretudo, carregando situações que não conseguimos resolver no passado.

Um bom exemplo disso é o de um sacerdote que conheci. Ele se sentia muito culpado porque sofreu um acidente de carro quando tinha 18 anos, no qual seu melhor amigo morreu. Ficou tão abalado que passou a vida inteira tendo visões do momento do acidente, em que ele olhou para o lado e viu o corpo do amigo morto.

Ele estava comigo num grupo de terapia e perto de fazer 70 anos. No meio do seu desabafo, falava aos prantos que nunca conseguiria se perdoar. Passou a vida inteira perdoando as pessoas no confessionário, mas nunca conseguira perdoar a si mesmo. O grupo de terapia deu apoio para sua vontade de se perdoar e, algum tempo depois, o sacerdote procurou as irmãs do seu amigo falecido para lhes pedir perdão. Ali ele descobriu que elas já o haviam perdoado e que só faltava ele compreender que era chegado o momento de deixar o passado para trás e se libertar daqueles fantasmas.

E você?

Será que você tem um drama do passado determinando como vive o hoje e como será o seu amanhã?

Será que vai continuar tentando ser alguém que não é?

Será que continua tentando criar um talento que não tem?

Será que está criando uma vida desconectada da sua alma e dos seus talentos?

Até dá para levar uma existência assim, mas o risco de criar uma vida de incompetência, frustrações e tristezas é imenso. Imagine o Neymar sendo o goleiro do time ou o Faustão sendo um bancário. Seria um desastre total. Por isso, é fundamental que você desenhe a sua vida com base na sua alma, em seus talentos e, principalmente, no impacto que você quer causar no mundo.

Fazer escolhas sem levar tudo isso em conta é desenhar uma vida com os recursos do momento e do meio em que vivemos, e não com as possibilidades reais do nosso eu interior – que são aquelas que farão você se destacar como nenhum outro na multidão.

E o melhor da vida é que a gente tem a chance de criá-la mais de uma vez.

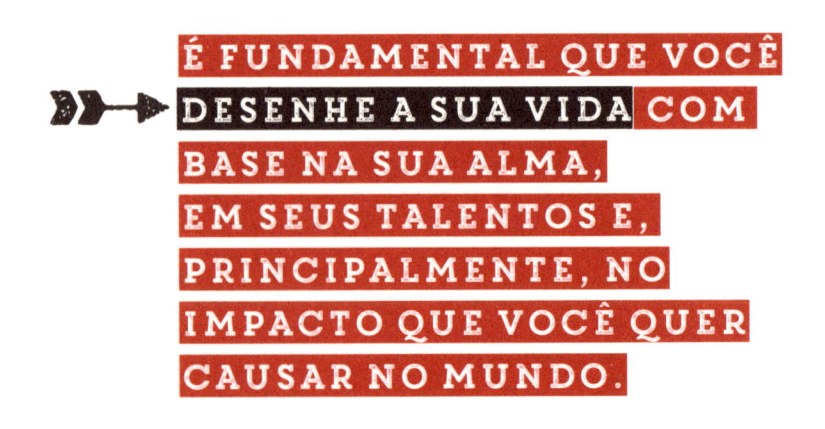

É FUNDAMENTAL QUE VOCÊ DESENHE A SUA VIDA COM BASE NA SUA ALMA, EM SEUS TALENTOS E, PRINCIPALMENTE, NO IMPACTO QUE VOCÊ QUER CAUSAR NO MUNDO.

A Universidade de Stanford, nos Estados Unidos, é uma das instituições mais respeitadas no mundo. Como já dito anteriormente, um dos seus cursos mais procurados é o de Designing your life, que ensina como desenhar a sua vida. Esse curso foi criado para ajudar os estudantes a se posicionar profissionalmente, mas o interessante é que esse projeto foi crescendo e hoje profissionais de todas as idades participam do programa.

Foram os próprios estudantes que solicitaram a criação desse curso, porque afirmavam não ter ninguém com quem pudessem falar sobre suas dúvidas a respeito de como construir e conduzir a própria vida.

Exemplos:

- ➜ Onde iam morar? Em uma cidade grande ou pequena?
- ➜ Qual era o perfil de trabalho deles? Ter uma carreira ou empreender?
- ➜ Que tipo de carreira traria felicidade e realização?
- ➜ Que tipo de relacionamento seria o ideal? Casar ou permanecer solteiro?
- ➜ Que tipo de família teriam? Com ou sem filhos?

Com o passar do tempo o curso Designing your life se tornou não só um curso sobre carreira, mas principalmente sobre criar a vida que se quer ter.

Tanto é assim que o trabalho de conclusão é fazer um plano de três "possíveis vidas" que os alunos podem criar, para que entendam as perspectivas de escolha e suas consequências.

O objetivo é traçar um plano de vida da mesma forma que um designer cria um produto com base nas necessidades do usuário.

Uma cadeira, por exemplo, precisa ter os recursos que favoreçam a vida da pessoa que vai usá-la.

Quem trabalha sentado o dia inteiro precisa de uma cadeira com um encosto específico, com uma altura ideal e apoio para os braços.

Quem trabalha como segurança numa loja precisa de uma cadeira da qual seja fácil se levantar.

Nossa vida, no mínimo, é como essa cadeira: tem de ser criada pensando em nós e para nós.

Se você precisa do contato diário com a natureza para se sentir em paz, não deve planejar uma vida de escritório em uma grande cidade; uma pessoa sensível não pode escolher se casar com um parceiro bruto, mesmo que se apaixone por ele em um primeiro momento. Isso seria um sofrimento constante.

É como a história da paixão da tilápia pela gaivota. Por mais que essa paixão seja imensa, cada vez que a tilápia resolver se sacrificar para ficar ao lado da gaivota, vai passar por um sufoco imenso. E a mesma coisa acontece se a gaivota resolver deixar sua vida para acompanhar a tilápia. É sofrimento na certa! Às vezes, a paixão cria a ilusão de que tudo é superável por causa do amor, mas quando as essências das duas pessoas são muito diferentes o preço a pagar é muito alto.

SE VOCÊ PUDESSE RECOMEÇAR AGORA, COM TODOS OS RECURSOS INTERNOS, COM A CERTEZA DE QUE TUDO VAI DAR CERTO, PARA ONDE SEU CORAÇÃO O LEVARIA?

O que quero dizer com essa história? Que é muito importante conseguir viver de maneira intencional e consciente. Lembra da nossa conversa sobre impacto? Quando você vive intencionalmente, cada coisa que realiza é feita com a consciência do impacto que causará. A intenção muda as ações, faz com que você acorde cedo de manhã mesmo não estando disposto, diga "não" ao pedaço de bolo durante a dieta, levante do sofá para brincar com seu filho apesar do cansaço. Faz com que não ameace largar o seu casamento na primeira crise.

Agora, ciente da importância de ter uma intenção definida e de saber aonde você quer chegar, eu tenho um convite para lhe fazer: convido você a redesenhar sua vida. Você topa?

Se você pudesse recomeçar agora, com todos os recursos internos, com a certeza de que tudo vai dar certo, para onde seu coração o levaria?

Para você construir o mapa da sua nova vida, é importante seguir três passos:

1 Limpar as influências negativas do passado.
2 Construir cenários em que você desenha como seria a sua nova vida.
3 Definir o objetivo central do seu desenho da nova vida.

Vamos falar sobre cada um desses tópicos neste e nos próximos capítulos.

→ LIMPE AS INFLUÊNCIAS NEGATIVAS DO PASSADO

Um dos principais erros que as pessoas cometem para conseguir deixar de dar murro em ponta de faca é permitir que situações não resolvidas do passado atormentem o presente, sem se resolver.

"Mas, Roberto, por que isso é tão ruim?"

Bem, porque um novo projeto de vida necessita de espaço para acontecer – e o passado mal resolvido ocupa espaço demais.

O seu sonho precisa ter espaço para acontecer!

Se você quiser encontrar um novo amor, por exemplo, precisa separar um tempo na sua agenda para encontrar novas pessoas. Não adianta ficar, no sábado à noite, pensando em alguém que o fez sofrer muito, ficar sentindo saudade e ceder à tentação de telefonar para essa pessoa em vez de sair e conhecer gente nova. Quando você deixa o passado negativo entrar na sua vida, está dando murro em ponta de faca de novo. Se quer conhecer um novo amor, tem de sumir com as fotos, as mensagens e os números de telefone dos amores antigos.

O que eu quero dizer com isso é simples: para alcançar a liberdade que você deseja ter no futuro, é preciso cortar as amarras do passado. Essas amarras são como uma linha de pipa. De longe, não enxergamos o fio que prende a pipa e parece que ela está voando em liberdade.

> **PARA ALCANÇAR A LIBERDADE QUE VOCÊ DESEJA TER NO FUTURO, É PRECISO CORTAR AS AMARRAS DO PASSADO.**

Quando, porém, chegamos mais perto, vemos que a pipa está presa a uma linha quase invisível. Quais são os eventos do passado que têm determinado os rumos de sua vida?

Você pode ser como um pássaro, mas enquanto estiver apegado àquilo que já foi no passado ou às pessoas com quem viveu, vai continuar sendo apenas uma pipa presa por uma linha. Sempre terá de lidar com aquele puxão para baixo para que você não se perca nem se desprenda. Rompa com esse fio. Só assim você vai voar alto e longe e conseguir enxergar o que a vida reserva para você. Voe.

Como romper com isso? Mãos à obra!

ABANDONE AS IDENTIDADES MORTAS

Conheço muita gente que não consegue se desvencilhar de personagens que não existem mais.

De vez em quando, encontro um sujeito que, quando era adolescente, jogou futebol em um time profissional. É interessante como ele fala do seu potencial para ser um novo craque milionário e, depois, começa a falar de uma pessoa que sabotou seu sucesso. Ele não joga uma partida de futebol há mais de vinte anos, e sua vida parou no tempo.

Criamos muitas identidades ao longo da vida, mas precisamos entender quando elas não servem mais aos nossos objetivos. A criação de identidades acontece quando convivemos com uma pessoa ou em um lugar que nos influenciam a ser de determinado jeito. O momento mais poderoso de criação de identidades é a infância, pois quando somos crianças estamos abertos a todo tipo de emoção e expectativa. Essa identidade é tão forte que, muitas vezes, ficamos presos a ela, mesmo que não haja mais razão para ser daquele jeito. Se uma menina é filha de um pai violento e agressivo, ela cria a identidade de uma pessoa assustada, preocupada e angustiada. E depois, lá na frente da vida, ela vai se tornar uma mulher que, embora não tenha mais razão para se assustar (porque tem uma carreira e um relacionamento sólidos), continua se sentindo ameaçada. Um exemplo contrário é uma pessoa que se identifica tanto com o pai, que é um sujeito maravilhoso, e vai buscar ter o poder que o pai tem, mas sem largar essa identidade do filho de um pai herói. Essa pessoa pode nunca ter a mesma força do pai, entretanto vai continuar buscando.

No livro A *libertação da alma – Uma viagem para além de si mesmo* (edição portuguesa, Editora Nascente, 2017), Michael Singer apresenta uma frase que acho genial e que tem tudo a ver com o que estou dizendo aqui: "Para conseguir ser quem você é, você precisa estar disposto a se livrar de quem você pensa que é.".

Por que é tão difícil se posicionar no mundo dos negócios? Porque isso, muitas vezes, vai significar ter de se libertar de uma identidade que não serve mais. Por que é tão difícil se aposentar? Porque você tem de abrir mão da sua identidade profissional. Por que é tão difícil quando os filhos saem de casa? Porque você precisa abrir mão da identidade de mãe/pai. Por que é complicado se separar? Porque não sabemos como voltar para a identidade de antes, de solteiro ou divorciado. Por que você não consegue abrir um negócio? Por que não larga da identidade de funcionário de alguém!

O que você fez até hoje se tornou parte de você. Essa bagagem é fundamental e o ajuda a decidir, a pensar nos problemas! Não há nada de errado com isso. O problema acontece quando levamos os "defuntos" para nossa nova vida. Deixamos que essas identidades nos definam, nós nos confundimos com elas. Isso trava qualquer pessoa no meio do caminho.

Você sabia que, em média, mudamos de carreira entre cinco e sete vezes ao longo da vida? Não é possível fazer todas essas mudanças carregando as identidades que tivemos na carreira anterior. Nós somos a consequência e o resultado disso tudo, mas precisamos nos libertar do que já foi.

Quais são as identidades que você mantém vivas respirando por aparelhos, numa vida que está pedindo renovação?

É como uma pessoa que uma vez na vida precisou fazer faxinas para sobreviver, só tinha dinheiro para comprar a comida que sobrou do fim da feira e precisava economizar cada centavo. Contudo, essa pessoa cresceu e estabeleceu-se financeiramente, mas continua fazendo essas coisas como se ainda precisasse disso.

> **TODOS NÓS VIVEMOS VÁRIAS VIDAS DENTRO DE UMA VIDA SÓ. NÃO É PRECISO MORRER PARA ENTRAR NUMA NOVA ENCARNAÇÃO.**

O que eu quero dizer é que todos nós vivemos várias vidas dentro de uma vida só. Não é preciso morrer para entrar numa nova encarnação. Eu já "encarnei" médico, terapeuta, palestrante, empresário... E assim vai. Sempre que você pensa no tamanho da mudança que precisa fazer, antes de ficar assustado deve perceber o tamanho das mudanças que já fez antes na vida. Você pode ter se acovardado agora, mas se pensar bem, já fez mudanças antes. Sair da casa dos pais, deixar de ser solteiro para ser casado, deixar de ser estudante para ser profissional. Existem momentos que marcam nossa "troca de pele". É bom ter um ritual que marque esses momentos, ainda que seja abrir um vinho sozinho entendendo o poder dessa transformação; você precisa abraçar a ruptura como uma coisa positiva, porque ela vai levá-lo ao próximo nível.

É isso que a Juliana está tentando fazer. Depois de conversar com sua mentora, encheu-se de coragem para falar com o chefe. Nunca tinha sido tão sincera na vida até aquela conversa. Ela disse a ele que estava infeliz, que, desde que ele assumiu a chefia, ela não estava conseguindo dar todo o potencial porque se sentia pouco desafiada. O chefe falou que não tinha notado, porque ela sempre entregou tudo o que ele pediu, e assim achou que estava tudo bem. Juliana falou que não estava tudo bem, que ela estava muito insatisfeita, mas que não ia ficar lá se lamentando apenas. Ela queria fazer uma proposta: para que sua motivação fosse retomada, Juliana queria mudar de função. Não queria mais ser apenas uma gestora de equipe, queria gerir grandes projetos de marketing digital na empresa. Pensar e implementar coisas novas que ajudassem a companhia a se desenvolver nesse mercado. Ela estava disposta a fazer uma transição e, num primeiro momento, acumular as duas funções. No futuro, porém, queria gerenciar os projetos desse núcleo que ela estava sugerindo que fosse criado. Juliana foi muito objetiva mostrando métricas e planos. O chefe ficou mexido. Ele disse que ninguém tinha pensado nisso antes, mas que parecia uma ideia interessante e se comprometeu a mostrar o plano para o chefe dele. Quando a conversa acabou, Juliana tinha uma certeza: mesmo que não desse certo o plano dentro da companhia, ela passara para o próximo nível e estava soltando a linha de pipa do emprego de que ela não gostava para a função que verdadeiramente queria assumir. E isso poderia acontecer tanto dentro da empresa, quanto fora dela. Se fosse o caso, agora ela se sentia pronta para empreender.

ROMPA AS SIMBIOSES

Juliana está se sentindo segura para tomar decisões drásticas e, até, romper laços. Isso é importante porque muito daquilo que nós somos aparece nos nossos relacionamentos. É importante analisar quanto as pessoas com quem convive propiciam a evolução, a mudança e o movimento.

Existe um conceito que chamo de matemática dos relacionamentos, que faz os seguintes cálculos:

½ + ½ = ½ + ½

1 + ½ = 1 + ½

1 + 1 = 1 +1

1 + 1 = 1 + 1 + 1

VOCÊ PRECISA ABRAÇAR A RUPTURA COMO UMA COISA POSITIVA, PORQUE ELA VAI LEVÁ-LO AO PRÓXIMO NÍVEL.

Esses números mostram o seguinte: se você é uma pessoa pela metade e encontrar outra pessoa pela metade (½ + ½), vocês não se tornarão um inteiro. Continuarão sendo apenas duas pessoas pela metade (½ + ½). Não se somam por não serem inteiros, pois precisam se anular para que a relação funcione. E a má notícia é que essas pessoas se tornam dependentes uma da outra, o que pode fazer dessa relação algo ruim e eterno.

Ne segunda linha do quadro temos uma pessoa inteira e uma que se anula (1 + ½). Essa relação não se sustenta, pois a pessoa inteira não se satisfaz em conviver com uma pessoa que se anula, e esta, por sua vez, também não se satisfaz pois não tem um complementar.

Aí você pode pensar "então o certo é termos dois inteiros e no fim termos dois?". Na verdade, ainda não. Se você somar 1 + 1 e no fim tiver apenas dois, ainda faltará a vida em comum. Nesse caso, nenhuma das pessoas abriu mão de si mesma, ninguém se misturou nem criou a dinâmica daquele relacionamento. Na prática, esse é um relacionamento bem vazio, de apenas gastar tempo juntos e não se deixar alterar e melhorar pelo outro.

> **PARA ROMPER AS SIMBIOSES, VOCÊ PRECISA TER CORAGEM DE DEIXAR PARA TRÁS AS COISAS QUE NÃO FAZEM MAIS SENTIDO NA SUA VIDA.**

O que faz o relacionamento ser interessante na sua vida é quando 1 + 1 pode ser igual a 3. Isso mesmo! Essa soma torna-se possível quando o resultado desse do relacionamento é você inteiro, a outra pessoa inteira e a cultura do relacionamento que vocês criaram. Ela é uma coisa separada e com vida própria, que não desgasta a sua individualidade nem a da outra pessoa.

Por que estou explicando isso? Porque, muitas vezes, você começou a dar murro em ponta de faca por causa de uma simbiose, ou seja, uma relação do tipo ½ + ½.

As pessoas importantes da sua vida amam você assim como você as ama, mas, muitas vezes, são dependentes. Infelizmente, vocês dois vão querer completar suas carências um com a presença do outro. Isso pode significar abrir mão do chamado da sua alma. Você precisa enxergar se não está se fundindo com quem se relaciona, esquecendo de si mesmo, entrando na dinâmica de uma relação e abandonando a sua vida. Uma pessoa que é elétrica e gosta de acordar cedo para trabalhar é daquelas que não ligam para trânsito, que sempre gostaram de um bom seminário para se desenvolver profissionalmente, que sonhavam com carreira executiva. Por que então foi morar no interior e decidiu apenas trabalhar por *home-office* em nome da vida tranquila com a qual seu cônjuge sonha? Por que depois de um tempo acha que isso é seu plano de vida também? É claro, os dois podem ceder, mas não anular a sua essência ou perder a consciência de onde estão em nome do amor que sentem. Essa pessoa se esqueceu de que o cônjuge se apaixonou por ela inteira, e não pela sombra dela mesma e, em algum momento, essa perda de identidade vai cobrar seu preço. Para romper as simbioses, você precisa ter coragem de deixar para trás as coisas que não fazem mais sentido na sua vida. Não é algo fácil, mas quando você começa a perceber que aquela relação não faz mais sentido para a vida que você quer levar, quando esse é o chamado do seu coração, é hora de seguir em frente.

"RASGUE O CHEQUE"

Era muito comum, para quem era autônomo ou tinha uma empresa, acontecer de ser pago por um cliente com um cheque sem fundos. A pessoa trabalhava duro e não recebia nada. Ela guardava aquele cheque, cobrava sempre, ligava para o cliente, tentava receber de qualquer jeito. Chegava uma época que nem sentia mais falta daquele dinheiro. Passaram-se os meses, vieram outros trabalhos, aquilo saiu do fluxo de caixa e, quando se percebe, passaram-se anos. Contudo, essa pessoa ainda vai atrás, processa o cliente mesmo sabendo que ele está desempregado, sem casa e que aquele pagamento não vai acontecer. Nessa cobrança já foi gasto tempo suficiente para produzir o dobro daquele dinheiro. E para quê? Só para perder tempo. É preciso encontrar o momento de rasgar aquele cheque.

Esse cheque não é sempre um cheque. É uma dívida. Uma dívida que você está carregando e cobrando de quem não tem condição de pagar.

NÃO VALE A PENA FICAR COM UMA DÍVIDA QUE NÃO PODE SER PAGA. SÓ VOCÊ ESTÁ PERDENDO O SONO! POR ISSO, "RASGUE O CHEQUE", LIVRE-SE DAS DÍVIDAS EMOCIONAIS QUE NÃO SERÃO PAGAS.

Por exemplo, pense num pai que bateu muito no filho quando era criança, mas o pai nem imagina o trauma que isso causou e quanto o filho queria ouvir um pedido de desculpas, um reconhecimento dos erros. O pai nunca vai conseguir pagar essa dívida, mas o filho vai continuar carregando isso, como se fosse uma nota promissória dentro de si mesmo. Não vale a pena ficar cobrando uma dívida que não pode ser paga. Só você está perdendo o sono! Por isso, "rasgue o cheque", livre-se das dívidas emocionais que não serão pagas.

JOGUE FORA O QUE NÃO SERVE MAIS

Você já deve ter sentido o prazer de pegar aquela papelada toda que acumula e fazer uma grande limpeza, enchendo um saco imenso de lixo com tudo aquilo que não serve mais. A sensação é de energia renovada, limpeza.

Todo mundo adora conseguir fazer uma faxina nos papéis, mas parece que não se incomoda de fazer dentro de si uma grande bagunça acumuladora. Pare de se tornar um arquivo morto ambulante. Não tenha dó nem piedade de jogar fora aquilo que não serve mais para a sua vida. Por que você respeita mais a sua escrivaninha do que a si mesmo? Porque é isso que você está se tornando por dentro, um amontoado de recibos e papéis velhos cheio de informações que não servem mais.

Eu sou doutor em Administração, poderia dar aula, mas não quero isso, então jogo essa identidade fora. Eu já fui cirurgião, mas isso não cabe mais dentro de quem sou; é mais fácil você me ver com uma guitarra do que com um bisturi na mão. Eu era terapeuta, mas estava começando outra carreira – a de palestrante, então joguei fora essa identidade. Não tenha dó, não pense em como seria a vida com a identidade antiga. Existe uma coisa muito bonita de saber reconhecer tudo o que aquela identidade proporcionou para você: o dinheiro, as pessoas que você conheceu e amou, a vida que por um tempo funcionou daquele jeito. Agradeça àquilo, diga "muito obrigado pelos anos fazendo X, mas agora é hora de dar adeus". Dê um abraço naquilo que você foi, seja grato, mas saiba deixar ir embora.

O problema é que as pessoas ficam apegadas a coisas que não têm mais sentido. Como um homem que teve um casamento, ela era o máximo e eles se davam muito bem, mas o casamento acabou e ele não supera. Os anos passam e ele ainda lembra muito, não tira as fotos da parede, o que é suficiente para afastar qualquer pretendente que entre naquela sala para tomar um café. Enquanto isso a ex-mulher já tem outra família! O que ele tem de fazer? Jogar fora! Agradecer o período, honrar isso como parte de si, mas colocar tudo aquilo no lixo sem sentir dó.

> **NÃO TENHA DÓ NEM PIEDADE DE JOGAR FORA AQUILO QUE NÃO SERVE MAIS PARA A SUA VIDA.**

Seja quem você quiser ser daqui para a frente, mas você precisa assumir um compromisso comigo, Roberto Shinyashiki, neste parágrafo enquanto lê este livro: que você vai jogar fora o resto! Prometa agora mesmo. Tire o retrato de casa, esqueça o que foi a carreira antiga, não fique recitando seus prêmios se eles não valem para o que você quer agora, não carregue com você o projeto que deu errado... Jogue tudo isso fora agora.

"ENTERRE SEUS MORTOS"

Enquanto você joga fora tanta coisa que não serve mais, vai perceber que, ao crescer, precisamos dar adeus às pessoas que são do passado e que não cabem mais naquela vida.

A gente anda e arrasta essas pessoas conosco, isso é errado, é fruto de uma mentalidade de "ser bonzinho". No entanto, pense comigo: se você se casou, tem um filho, é feliz, por que vai chamar para o churrasco aquele amigo que não cresceu, que vomita no seu jardim porque bebeu muito, que nunca vai embora e ainda acorda o bebê? Esse mesmo amigo que vai sempre encrencar porque você não quis ficar no happy hour até tarde por ter de buscar o filho na escola? Essa pessoa cabe na sua vida? Ela entende pelo que você está passando e lhe dá apoio ou é mais uma fotografia do passado que você se recusa a tirar da parede?

O escritor norte-americano Jim Rohm diz que "o que a gente ganha é a média dos nossos cinco melhores amigos", somos a média dos nossos cinco melhores amigos. Pense nisso. Olhe para quem está sempre ao seu lado e analise se ele está no mesmo lugar que você, ele está onde você quer estar? Ou seus melhores amigos, as pessoas com quem você convive mais, estão muito abaixo daquilo que você espera para a sua vida? O grupo tem muito poder de estimular a sua ação ou desmotivá-la completamente.

Aos poucos vamos percebendo que há pessoas que nos puxarão para baixo... como aquela linha da pipa. É legal ajudar as pessoas, estar ao lado dos amigos mesmo nos maus momentos, mas faça uma análise se você está disposto a entregar sua vida pela vida dos outros.

Já ouvi casos de famílias em que, se um dos membros começa a usar uma roupa melhor, já será taxado de metido, fresco, arrogante. Tem como essa família torcer pelo seu sucesso? Ou apoiá-lo quando você decide não gastar dinheiro com festas como o Natal para poder investir em uma pós-graduação? Será que não é melhor se afastar um pouco dessas pessoas enquanto você está correndo atrás do seu sonho?

Acaba de sair de uma palestra e o que você quer fazer? Sair com sua família, é claro. O cara que não tem família vai falar que você é metido porque não ficou com os caras depois da palestra.

Esse é o problema de ficar com pessoas que não estão no mesmo ponto que você. Quando estou em São Paulo, como o escritório é muito perto da minha casa, estabeleço a prioridade de almoçar em casa para aproveitar um pouco a companhia da minha família. Tento sempre não marcar reuniões perto do almoço, porque muitas vezes estou com algum diretor ou presidente de empresa, e seria muito difícil para esses caras entenderem que não vou querer almoçar com eles para almoçar em casa – não importa quão incrível esteja a conversa, eu já tenho essa prioridade. É quase impossível explicar isso para um executivo de sucesso, que muitas vezes só volta para casa tarde da noite. É complicado. Porque é difícil viver com quem não está no mesmo lugar que você.

E principalmente, quando você está tentando sair do nível atual para chegar ao próximo nível fica ainda mais difícil conviver com quem não tem o próximo nível, ou não tem a visão que você tem. Por que motivo? Vou lhe contar um segredo: quem não tem a vida que quer, vai começar a criticar a dos outros. Se você quer ter valor, quer ter realização, é importante "enterrar os mortos", deixar quem não é mais dessa vida para trás. O ser humano dificilmente admira, ele inveja, e a inveja atinge a todos nós porque nos lembra daquilo que não temos coragem de fazer.

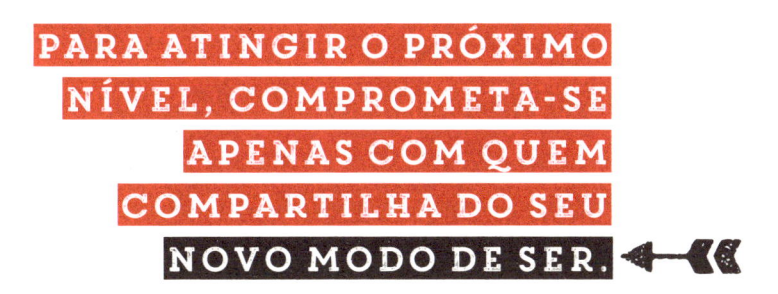

PARA ATINGIR O PRÓXIMO NÍVEL, COMPROMETA-SE APENAS COM QUEM COMPARTILHA DO SEU NOVO MODO DE SER.

É ruim você ficar sempre se justificando, ouvindo gente que critica: "Você podia estar ganhando mais dinheiro!", quando esse não é seu projeto de vida. Mas para quê? Para ficar depressivo, sempre cansado?

Você tem de escolher: vou ficar com gente que empurra para a frente ou gente que dá desculpas e dá murro em ponta de faca? Quem você prefere? Se você chegou até aqui, sabe o que é preciso fazer. Para atingir o próximo nível, comprometa-se apenas com quem compartilha do seu novo modo de ser.

"SOLTE A ÂNCORA NEURÓTICA"

A "âncora neurótica" é algo ou alguém que você usa para justificar sua inércia, a sua falta de impulso para agir na direção do que você deseja.

É muito comum que as ancoras neuróticas sejam os pais, os filhos, os cônjuges, alguém que você precisa ajudar, seu animal de estimação...

Quem é a sua "âncora neurótica"? Quem você usa para não sair do lugar?

"Âncora neurótica" não é a pessoa que sabota você, é a pessoa que você usa de desculpa para se autossabotar. É o filho que você acredita que não vai aguentar se você voltar a trabalhar, mas que pode ficar dez dias sozinho com os avós, e na prática, ele nem vai sentir sua falta.

Isso acontece muito com as alunas dos meus seminários de formação de palestrantes. Elas fazem sessão de fotos, gravam vídeo profissional, contratam designer para fazer logotipo e cartões de visita, mas na hora de colocar o site no ar, pensam nas viagens que vão ter de fazer e dizem para si mesmas que o casamento não vai sobreviver porque os filhos vão repetir de ano se elas não estiverem lá todos os dias para fazer a lição de casa com eles.

O problema de fazer da família uma âncora para uma vida aquém do seu potencial é que, com o tempo, a frustração de não receber das pessoas mais próximas o reconhecimento equivalente aos aplausos das plateias do mundo cresce e vira mágoa. E a mágoa leva as pessoas ao revanchismo. Então, a mulher que abandonou o sonho de ser palestrante "em nome" da família vinga-se inconscientemente deles, distanciando-se aos poucos.

A "neurose da âncora" consiste na aparente nobreza de renunciar ao chamado da alma. Esse chamado volta em forma de inveja ou autopiedade quando abre as redes sociais e vê colegas que começaram com ela brilhando nos palcos.

> **O PROBLEMA DE FAZER DA FAMÍLIA UMA ÂNCORA PARA UMA VIDA AQUÉM DO SEU POTENCIAL É QUE, COM O TEMPO, A FRUSTRAÇÃO DE NÃO RECEBER DAS PESSOAS MAIS PRÓXIMAS O RECONHECIMENTO EQUIVALENTE AOS APLAUSOS DAS PLATEIAS DO MUNDO CRESCE E VIRA MÁGOA. E A MÁGOA LEVA AS PESSOAS AO REVANCHISMO.**

Nessa hora, ela pode fincar a "âncora neurótica" ainda mais fundo ("mas ela é solteira e eu tenho esse traste que não lava um copo de água", "mas ela tem duas empregadas e eu tenho dois parasitas que nem sequer colocam a roupa suja no cesto", "mas ela tem pai rico e eu dependo da mesadinha do meu marido", "mas...") ou ela pode fazer desse momento o ponto da virada.

O problema não é a pessoa, é assumir que você está travado, atolado. Uma pessoa que utiliza "âncoras neuróticas" é dependente da dependência, ou seja, é alguém que precisa desesperadamente que alguém dependa dela. Elas ficam dizendo: "Se não fosse por meu filho, meu marido, meus pais, meu professor, meu chefe…"

A âncora é uma pessoa que a gente usa para nos salvar. E essa pessoa carrega o peso.

Você acha que tem uma âncora?

"Tenho de cuidar do meu filho que é pequeno, cuidar da minha mãe que precisa de mim e por isso não posso fazer o que quero." Isso são âncoras, são travas na sua vida.

A âncora é uma desculpa para o fracasso. "Não faço isso por causa do fulano.".

É claro que alguém com paralisia cerebral ou alguém doente depende da gente. Não estou dizendo para você abandonar seu filho, seus pais ou as pessoas queridas para você. No entanto, se a pessoa fala que não pode fazer nada porque precisa cuidar dessa outra, aí está instalada a âncora.

Eu tenho uma irmã, a Rosely, que criou três filhos maravilhosos, administra a Editora Gente com verdadeira onipresença e ainda foi presidente da Câmara Brasileira do Livro. A Rosely é uma das grandes responsáveis por diversos programas do livro que existem até hoje, incluindo o formato da Bienal do Livro, que, sob a administração dela, cresceu em número de visitantes em decorrência das ações que ela promoveu no intuito de levar as escolas públicas para perto do livro. E pensar que ela fazia tudo isso enquanto educava três filhos com idades muito próximas, os quais ela acompanhava de perto. Crianças que cansaram de passar o dia na Editora, é claro, que aprenderam que a mamãe precisava viajar muito mais do que uma mãe "comum". Ela, para mim, é o exemplo de que não dá para culpar quem amamos pelo nosso fracasso, pois se você realmente quiser alguma coisa, seu filho será uma motivação e seu parceiro será seu sócio no sonho; quem você ama será uma inspiração, será parte disso tudo, não a pedra no seu caminho.

Esse é um passo enorme para você começar a construir a vida que quer viver. Quando você conseguir dá-lo, vai se libertar de tudo que o está segurando e, finalmente, voar em liberdade.

➜ DESENHE A SUA VIDA...

Agora que você começou a trabalhar em limpar as influências negativas do passado, é hora de começarmos a desenhar a sua vida.

Infelizmente, a maioria das pessoas não pensa no próprio futuro como um livro em branco que pode ser escrito de novo. E esse é o nosso desafio: pensar na sua vida como uma nova oportunidade para começar do zero, mas com todo o conhecimento de si próprio e a experiência de vida que você tem...

Quando as pessoas ficam presas ao passado e ao presente acabam não criando o futuro que elas querem para si.

"Roberto, e qual a solução para esse dilema?"

A solução para implementar esse projeto é alimentar o presente enquanto constrói o futuro.

Não estou falando para você abandonar seu emprego para montar a nova empresa no mês que vem ou para mudar a escola do seu filho amanhã cedo.... Mas para estruturar uma fase de transição a partir do momento em que você decidir o seu projeto.

A SOLUÇÃO PARA IMPLEMENTAR ESSE PROJETO É ALIMENTAR O PRESENTE ENQUANTO CONSTRÓI O FUTURO.

Quero convidar você a investir nesta semana com foco total na criação do seu projeto de vida. Esse método tem cinco passos:

1 Estude seus talentos e seus desejos.

2 Conheça seus não talentos e suas aversões.

3 Conheça seu sonho impossível e a dinâmica de acreditar na sua realização.

4 Desenhe três cenários para você experimentar.

5 Escolha um cenário e defina o objetivo primário.

Preparado? Então mãos à obra! Compre um caderno de capa dura para você escrever à vontade. Vamos entrar em todos os passos agora.

PASSO 1: ESTUDE SEUS TALENTOS E SEUS DESEJOS

A palavra talento vem do grego e significa "quantia de dinheiro", ou seja, "riqueza". O talento do Pelé para jogar futebol é uma riqueza que ele recebeu de presente e soube aproveitar. Assim como é o talento do Bill Gates fazer dinheiro por meio dos seus programas de computador.

A tendência das pessoas é pensar que somente os gênios têm um talento especial, mas, na verdade, todos nós temos algum talento que na maioria das vezes não é descoberto e valorizado.

Quantas vezes eu vejo um jovem com talento para ser um bailarino profissional que desliza com bandejas servindo cerveja em um restaurante?

Ou um escritor que simplesmente vive frustrado falando ao telefone com pessoas no serviço de atendimento ao cliente de uma grande empresa?

Nesses mais de quarenta anos orientando pessoas, eu fico triste de ver a quantidade de gente que não conhece ou não valoriza os próprios talentos.

Por isso, comece a escrever agora sobre seus talentos e também sobre seus desejos – pois nossos desejos falam muito sobre a nossa essência. Por mais que eles possam parecer sem nexo, seus desejos vão ajudar a conhecer o que você quer fazer da vida.

Pare a leitura do livro agora e comece a escrever no seu caderno. Quanto mais escrever, melhor.

PASSO 2: CONHEÇA SEUS NÃO TALENTOS E SUAS AVERSÕES

Agora comece a escrever sobre seus não talentos e suas aversões. Ninguém é bom em tudo e ninguém gosta de fazer tudo nesta vida.

Eu, por exemplo, não tenho talento nenhum para cuidar dos números da empresa e, para piorar, odeio ficar monitorando números.

POR MAIS QUE ELES POSSAM PARECER SEM NEXO, SEUS DESEJOS VÃO AJUDAR A CONHECER O QUE VOCÊ QUER FAZER DA VIDA.

Estudei muito esse tema, fiz MBA, fiz especializações no assunto, aprendi muito. Conheço esse tema para me ajudar a tomar decisões, mas não é uma parte forte dos meus talentos. Cuidar dos números é importantíssimo para os negócios, mas não é para mim. Então, resolvi esse tema tendo um mentor e conselheiro das minhas empresas que, além de ser fera em analisar um negócio olhando os números, adora fazer isso.

Quer saber outro talento que eu não tenho?

Participar de jantares ou acontecimentos sociais. Até hoje, quando sou obrigado a ir, procuro ficar o mínimo possível porque não sei o que falar, acho uma perda de tempo e talvez por isso não goste de estar nesses eventos. Não é que eu não goste de sair para almoçar ou jantar. Porque quando conheço alguém interessante adoro marcar um almoço para conhecer mais essa pessoa, ou seja, adoro conhecer pessoas interessantes e ter tempo e ambiente para ter uma conversa profunda. Entretanto, não gosto de fazer isso por obrigação. Então, é lógico que a vida dos meus sonhos não pode incluir essa competência porque, se depender disso, vou morrer de fome.

E você? Quais são seus não talentos e suas aversões?

Escreva bastante, especialmente os detalhes desses pontos.

PASSO 3: CONHEÇA SEU SONHO IMPOSSÍVEL E A DINÂMICA DE ACREDITAR NA SUA REALIZAÇÃO

Qual é o seu sonho impossível? Aquele sonho que você não conta para ninguém com medo de parecer ridículo?

Escreva qual é o seu sonho e o descreva em detalhes. Agora analise esse sonho e escreva também sobre o medo que impede você de realizá-lo.

Eu realizei alguns sonhos impossíveis na minha vida. Contando hoje, eles podem parecer muito pequenos, mas me deram muito medo antes de eu realizá-los.

Aqui vai uma lista deles:

→ Que o meu filho Leandro sobrevivesse à sua doença.

→ Tornar-me um grande terapeuta.

→ Escrever um livro.

→ Ver esse livro na lista dos best-sellers.

→ Fazer uma palestra em uma grande convenção.

→ Ter dinheiro para fazer o treinamento que eu quisesse.

Quer saber qual o meu sonho impossível da vez?

Fazer uma palestra em inglês nas grandes convenções com a mesma facilidade com que faço em português e espanhol. Olha que meu inglês é bem avançado e, por isso, o desafio fica maior porque fazê-la em inglês para os norte-americanos significa conhecer profundamente a cultura, saber contar uma piada dominando o humor deles. Detalhe do detalhe! Com toda a certeza, eu acredito que vou realizá-lo em pouco tempo.

Esse é outro ponto importante nessa análise: você acredita na sua capacidade de realizar seu sonho impossível? Por quê? Escreva no seu caderno agora.

Certamente existem sonhos que são impossíveis porque a ciência ainda não chegou lá para nos ajudar. Por exemplo, eu gostaria de ter mais 10 cm de altura, mas esse sonho a realidade não me permite alcançar. O que quero dizer com esse exemplo é o seguinte: será que você está impondo limites reais para o seu sonho ou os limites estão na sua mente?

Eu me lembro quando eu falava para um amigo editor que eu queria entrar na lista dos mais vendidos. Sabe o que ele me respondia? Que eu devia cair na real porque, naquela época, não tinha livros de médicos brasileiros na lista dos mais vendidos. Se eu tivesse ouvido esse amigo, não teria realizado meu sonho impossível.

Sempre lembrando: se alguém fez é só copiar e se ninguém fez nós podemos ser os primeiros a conseguir!

Agora é a sua vez de mergulhar no seu sonho impossível, nos seus medos e, sobretudo, em quem pode ser seu modelo de alguém que já realizou esse sonho.

PASSO 4: DESENHE TRÊS CENÁRIOS PARA VOCÊ EXPERIMENTAR

Bill Burnett e Dave Evans, os criadores do programa Designing your life, na Universidade de Stanford, orientam seus alunos a desenhar três cenários diferentes de como seria a vida dos sonhos deles. Esse exercício é interessante porque, ao criar vários cenários para sua vida com a ideia de que nunca vai precisar implementá-los, você abre perspectivas nunca pensadas antes.

Por exemplo, eu era médico de hospital e, se eu desenhasse um cenário baseado na vida que eu levava, certamente pensaria em fazer mais plantões para ganhar mais dinheiro, em fazer um mestrado e doutorado em Medicina, em me tornar um pesquisador, em montar um consultório particular onde eu tivesse clientes que me pagassem por cirurgia e expandiria minhas ideias baseadas nesse caminho.

> **AO CRIAR VÁRIOS CENÁRIOS PARA SUA VIDA COM A IDEIA DE QUE NUNCA VAI PRECISAR IMPLEMENTÁ-LOS, VOCÊ ABRE PERSPECTIVAS NUNCA PENSADAS ANTES.**

O segundo cenário seria baseado no meu sonho impossível de me tornar um grande terapeuta. Tudo me parecia impossível. Como gastaria dinheiro para ter meu consultório particular? Como conquistaria clientes particulares? Como faria a transição de médico de plantões para médico de consultório particular? Como sobreviveria sem um salário fixo?

Se eu liberasse minha imaginação, conseguiria criar esse cenário.

E o terceiro cenário? Esse seria completamente impossível. Impossível até de pensar. Impossível pensar que eu ajudaria tantas pessoas fazendo palestras, escrevendo livros, viajando pelo mundo, meditando com os mestres na Índia, estudando nos grandes centros de negócios.

O que travaria a criação desse cenário? Eu não tinha dinheiro para nada, era muito tímido, estava totalmente preso ao ambiente hospitalar, era muito simplório... Eram tantas barreiras que eu me proibia de sequer pensar em um cenário como esse.

Nesse sentido, foi muito importante encontrar os mentores que eu tive e que me mostraram que eu deveria acreditar que esses sonhos eram possíveis e que eu deveria, pelo menos, imaginá-los e conversar sobre eles.

E é isso que você vai fazer agora: construa três cenários e converse sobre eles como se fossem reais (porque uma hora dessas, um deles será!).

Pense que cada um desses cenários tem uma lógica específica:

➜ Construa o primeiro cenário baseado na lógica de melhorar muito a vida que você tem hoje.

➜ Construa o segundo cenário baseado na evolução dos projetos paralelos que você está construindo.

➜ No terceiro cenário, deixe todos os seus sonhos impossíveis acontecer.

Vou dar como exemplo um dos meus alunos. Ele tem o potencial para ser um dos três melhores especialistas em imagem pessoal do Brasil, mas vive em uma cidade muito pequena atendendo apenas clientes da região. Como tem quatro filhos, ele precisa trabalhar para conseguir dinheiro e pagar as despesas. Quando conversamos, ele me pede orientação para alavancar sua carreira dentro desse cenário. Então fizemos esse exercício juntos. Ele trabalhou o primeiro cenário: turbinar a carreira atendendo os melhores clientes da região e cobrando o máximo possível para fazer uma consultoria de excelência. No segundo cenário, soltou a imaginação para fazer algumas mudanças, como dar consultoria de marcas tanto para pessoas físicas como para empresas e trabalhar integrando marca pessoal e empresarial. No terceiro cenário, ele mergulhou nos sonhos impossíveis: estudar fora do Brasil, atender clientes internacionais, além de empresas multinacionais. Sua imaginação mostrou rapidamente que seu potencial era muito maior do que sua realidade e que ele não precisava usar mais o trabalho como referência para a própria vida.

Agora é a sua vez de construir seus cenários. Faça muitas pesquisas sobre cada um deles, converse muito com seus mentores e crie alguns momentos para você se imaginar realizando cada um deles.

PASSO 5: ESCOLHA UM CENÁRIO E DEFINA O OBJETIVO PRIMÁRIO

Escolha um desses cenários que você trabalhou para ser realizado. Certamente você vai incrementá-lo com ideias de cada um dos outros cenários, mas essa é a escolha deste momento da sua vida.

Pode ser que você viva um tempo de transição, mas é importante definir sua escolha e implementá-la. No caso do meu aluno especialista em imagem pessoal, a escolha é fazer muito dinheiro para poder realizar o cenário dos sonhos impossíveis.

Feliz com a definição da sua vida?

Agora é incorporar esse cenário na sua vida como se fosse realidade. Quanto mais você conversar sobre ele e fizer exercícios de imaginação, mais poderoso ele vai ficar na sua mente. E, como você já sabe, tudo faz parte da mente antes de se materializar.

Você já percebeu que precisamos atacar várias frentes e isso pode ter uma consequência ruim: a perda de foco. Então, é importante estabelecer a sua meta primária – que vamos definir em breve. No próximo capítulo, vou ajudá-lo a materializar a vida dos seus sonhos, mas antes disso entre neste link **www.presentedoroberto.com.br** para assistir alguns vídeos sobre os desenhos dos cenários e a definição de metas.

CAPÍTULO 7

implemente seu PROJETO de vida

gora que você desenhou sua vida, é hora de executar esse projeto!

Foi muito importante você ter mergulhado na consciência da sua vida, conhecido melhor a sua alma, definido se está sendo congruente com o impacto que quer provocar no mundo e ter desenhado seu projeto de vida.

Espero que você tenha se casado com ele. Para que o laço fique cada vez mais forte, defina sua meta, seu ponto de não retorno, avance e transforme sua vida. Em breve explicarei mais sobre como atingir seu ponto de não retorno.

O ponto mais importante para você sair do lugar e realmente mudar sua vida é a atitude com que você decide implementar seu projeto. Mergulhe como se tudo na sua vida dependesse da realização dele, torne-se um obstinado pela vida que vai criar para si e para as pessoas que ama. Isso eu chamo de atitude tudo ou nada!

Quando decidir a sua vida, feche os olhos para qualquer outra coisa e mergulhe naquilo que você decidiu.

Muitos especialistas vão falar para você começar progressivamente, mas não é assim que vejo as pessoas de sucesso trabalhando. Vou dar alguns exemplos. Se você quiser investir em ter o amor da sua vida, crie uma atitude tudo ou nada para essa meta. É lógico que você vai continuar investindo na sua vida profissional e dando tempo para sua família, mas agora é tempo de aprender a amar. Se você está criando a sua empresa, é hora de dedicar de dez a doze horas por dia a fazer sua empresa crescer. Se você quer ganhar uma medalha olímpica, precisa focar o treinamento, a alimentação e a competição para ganhar essa medalha.

Tenha foco! Concentre sua atenção e sua energia para obter o resultado que você quer. Antes, você podia pensar em todas as questões do mundo, mas agora não podem existir mais dúvidas. É hora de mergulhar de cabeça.

> **TENHA FOCO! CONCENTRE SUA ATENÇÃO E SUA ENERGIA PARA OBTER O RESULTADO QUE VOCÊ QUER.**

SALTE PARA O INFINITO

Para ter a nossa libertação, também precisamos ter a coragem de saltar para o infinito. Muitas pessoas procuram, antes de saltar, a garantia de que vai dar certo.

Nos momentos de transição somos como um trapezista que salta no ar sem ter certeza de que do outro lado haverá alguém nos esperando.

Eu me lembro de que deixei de ser terapeuta porque vi na carreira de palestrante uma verdade para mim. Eu tinha a agenda lotada como terapeuta, não tinha do que reclamar em termos de dinheiro e reconhecimento. Ao mesmo tempo, conseguia vislumbrar o futuro como palestrante. Sabe quando uma luz dentro de nós acende? E essa luz fica como um apito avisando "isso aí é importante, vá atrás disso". No entanto, eu não tinha certeza de que ia dar certo como palestrante. Quando, porém, saltamos da vida anterior, não temos a segurança de que vai dar certo a nova estrada. Quando decidimos que vamos saltar daquele penhasco, nossos pés vão ficar sem nada por baixo durante um tempo, e é preciso ter confiança nessa hora. Querer garantia de que esse movimento vai dar certo significa ficar parado no tempo. Como eu já escrevi no livro *Amar pode dar certo* (2012): "O amor não dá escritura definitiva", a gente não sabe o que vai acontecer. E não tem problema nenhum nisso!

O que vai acontecer se você cair quando decidir saltar? Oras, você pode se machucar. E o que acontece se alguém se machuca? A pessoa fica mais forte! Não trave se quando você saltar não vir uma corda; nem sempre ela estará lá na hora de ficar sozinho no palco, de colocar o negócio novo na rua, de falar "quero conhecer você" a um estranho, ou mesmo "filho, desculpe se eu te magoei".

Se não tiver corda, paciência, vai cair! Mas você precisa arriscar! Se acaso se machucar, basta levantar e limpar os machucados.

Porque você não salta? Não fique apegado a uma identidade que já não lhe serve. Não olhe para trás. Essa orientação está na Bíblia. Quando Deus está destruindo Sodoma, Ele orienta Ló a sair e levar sua família e diz que ninguém deve olhar para trás. A mulher de Ló, porém, não resiste, olha para trás e se transforma em uma estátua de sal. Enquanto você estiver olhando para trás, será simplesmente uma estátua de sal. Muitas pessoas viram uma estátua de sal quando ficam presas ao que podem perder em vez de focar o que podem ganhar. Você só vai readquirir sua vida quando não se preocupar com o que está perdendo e sair olhando para o que quer viver.

Quando der o salto, olhe para a frente.

É lógico que, quando batalhamos por algo, vão acontecer muitos problemas; mas temos de passar por cima deles como passamos por uma poça da água. Ninguém fica parado olhando uma poça d'água; quando nós nos deparamos com uma delas à nossa frente, simplesmente damos uma olhada, saltamos e avançamos.

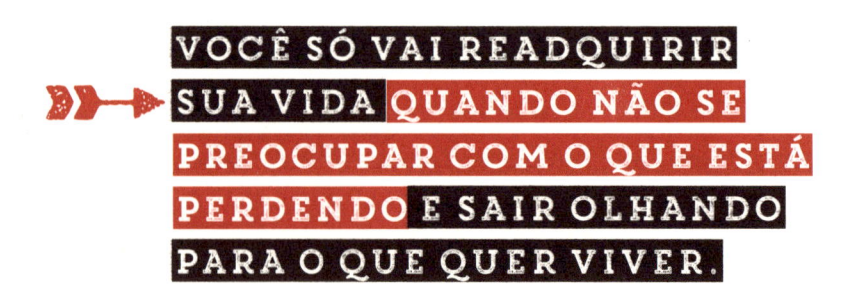

VOCÊ SÓ VAI READQUIRIR SUA VIDA QUANDO NÃO SE PREOCUPAR COM O QUE ESTÁ PERDENDO E SAIR OLHANDO PARA O QUE QUER VIVER.

Sempre conto a história do meu filho Leandro. Decidir que eu lutaria pela vida dele foi meu primeiro salto, mudou minha vida. E hoje ele vai fazer 37 anos. Meu Deus, deu certo! Mas deu tudo certo? Não, enfrentamos milhões de complicações, foi uma jornada de tropeços, de erros, de momentos em que parecia que tudo estava perdido, foi uma jornada que ainda hoje exige muito da nossa família.

Ele ficou vivo? Ficou.

E você pode perguntar: "Roberto, quanto disso foi sorte e quanto foi trabalho?". Não sei, talvez 50% tenha sido trabalho e 50% tenha sido sorte; o Leandro poderia ter ido embora quando tinha 6 meses, mas precisamos ter essa força que nos leva a apostar tudo em algo em que acreditamos. Minha alma sempre gritou que a vida do meu filho valia qualquer esforço.

Quem representa bem essa jornada da nossa vida, da necessidade de se lançar no infinito, é a carta do Louco, do Tarô.

Vale muito a pena conhecer essa carta. O nome da carta em inglês é *The Fool*, ou seja, "O bobo".

Ele não é um louco na tradução certa da leitura da carta; talvez a melhor tradução fosse "o maluco" ou "o louco".

Aqui está uma versão dessa carta. Na internet há milhares de desenhos diferentes, mas o mais importante é você entender como essa carta traduz o momento que você está vivendo.

@REPRODUÇÃO/WIKICOMMONS/CC 2-0

Vamos supor que ontem eu tenha jogado o Tarô para você e tenha pegado essa carta. (Atenção, isso é uma brincadeira, pois eu não sou um especialista em Tarô).

O que ela diz?

Você pode ver que o Louco está prestes a saltar do penhasco, porém ele não olha para baixo. Ele está olhando para cima, despreocupado, enquanto o cachorro age como a consciência e tenta avisá-lo de que deve prestar atenção no que está fazendo. Ele carrega uma pequena sacola com os pertences, você sabe que ele não está pulando do penhasco para morrer, mas para um movimento de vida.

Ele está indo em direção a algo, mas não tem nenhuma garantia.

A chave do movimento do Louco é que ele não fica pensando demais sobre aquilo que vai fazer. Ele simplesmente faz. E durante o processo vai se fortalecendo ainda mais.

Todos nós, na vida, quando entramos em um processo de transformação, precisamos ter a energia da carta do Louco. Precisamos ser audaciosos. Precisamos avançar mesmo com uma chuva de balas à frente, mesmo com uma tempestade no caminho. Porque quem não avança começa a carregar a tempestade dentro de si em vez de enfrentá-la e deixar aquilo para trás.

Para saltar como o Louco, é importante entrar em um estado de ampliação da nossa consciência, para assim podermos romper com o que não queremos mais para nossa vida. A partir do momento em que você decidiu atingir seu ponto de não retorno, não olhe mais para dentro de você, não se questione, seja simplesmente a ação.

A carta do Tarô mostra que o Louco está à beira do abismo, com um pé apoiado e o outro já está saindo do chão para o mergulho acontecer. Quando você pega essa carta, significa que é o momento de parar de filosofar muito e dar um passo à frente.

Agora passou o momento de conversar, agora é hora da ação.

Por isso, quero propor um exercício para você.

Pegue seu caderno. Faça o desenho de um abismo com você representando o Louco e com o cachorro a seu lado. E aí eu quero convidar você a escrever: que salto é esse que você vai dar? Que abismo é esse? Esse é o seu desenho da carta do Louco do Tarô.

Agora simplesmente feche os olhos e salte.

Guarde esse desenho com você.

Ele será o empurrão para você não olhar para trás. Você já está pronto para saltar.

> **A PARTIR DO MOMENTO EM QUE VOCÊ DECIDIU ATINGIR SEU PONTO DE NÃO RETORNO, NÃO OLHE MAIS PARA DENTRO DE VOCÊ, NÃO SE QUESTIONE, SEJA SIMPLESMENTE A AÇÃO.**

ESCUTE QUEM TEM AUTORIDADE

Um dos pontos-chave durante o processo de ir para o próximo nível é ter um mentor para ajudá-lo nesse momento de transição.

Em toda a caminhada existirão momentos em que as dúvidas

poderão rondar você: dúvidas ocasionadas pela insegurança e também por não saber como fazer o que é necessário. Nesses momentos, é fundamental saber com quem contar.

Contudo, você tem de ouvir as pessoas certas, pois um dos piores erros que as pessoas cometem é escutar quem não tem a mínima experiência nem conhecimento para avançar.

A insegurança, muitas vezes, leva pessoas competentes a ouvir os conselhos de quem não entende nada do que elas precisam.

Quem nunca escutou um palpite sobre como criar os próprios filhos de alguém que não tem filhos?

Quem nunca ouviu conselho de relacionamento de um amigo solteirão? Esses são conselhos perigosos, pois não levam em consideração alguns fatores que alguém com experiência julga relevantes.

Um palpiteiro pode, muitas vezes, travestir-se de mentor experiente. Hoje existem, por exemplo, pessoas que se dizem megaespecialistas em empreendedorismo, porém não possuem empresa de sucesso. Ou especialistas em investimento que não têm dinheiro e vivem ensinando a ficar milionário. Às vezes fico pensando: se a fórmula deles é tão sensacional assim, por que não aplicam aos próprios investimentos e ficam multimilionários? Esse tipo de comportamento está escrito até na Bíblia: "Eles são guias cegos guiando cegos. Se um cego conduzir outro cego, ambos cairão no abismo" (Mateus 15:14).

Por isso, não seja um cego andando atrás de outro cego e escute as pessoas que já estão no lugar em que você quer chegar.

Entretanto, tome cuidado com os conselhos dos gênios. Eu admiro muito o Keith Richards, guitarrista dos Rolling Stones, e o Romário, ex-jogador de futebol. Como eles são gênios, falam suas verdades como se elas pudessem ser seguidas por pessoas normais como nós.

Certa vez, o Keith Richards falou que só pega a guitarra para compor, gravar discos e fazer shows. O Romário sempre mostrou que não fazia a mínima questão de treinar. Isso dá certo para eles, não para nós.

Nós temos de entender que eles são gênios e conseguem produzir resultados incríveis. Já seres humanos comuns, como você e eu, nunca vão conseguir resultados como os deles. A gente precisa trabalhar duro nos nossos projetos.

Quantas vezes eu escutei jogadores de futebol adolescentes falando que não gostavam de treinar porque o Romário, apesar de gênio, não treinava. Como se o segredo da performance do Romário fosse não treinar! E a quantidade de jovens guitarristas que não praticava porque o Keith Richards não estudava guitarra?

Gênio é gênio e pode quebrar regras. Na verdade, por causa do talento, eles podem se dar a alguns luxos que nós não podemos.

No entanto, a maioria das pessoas bem-sucedidas que conheço não são geniais – e conseguem realizar projetos incríveis porque se dedicam intensamente a eles. E é isso que você tem de começar a fazer agora.

ATINJA SEU PONTO DE NÃO RETORNO

Você deve estar querendo me perguntar: "Tá bom, Roberto, já entendi que tenho de desenhar cenários da vida que quero viver, que esses cenários têm de estar alinhados com o chamado da minha alma e que tenho de me dedicar ao meu novo projeto de vida. Mas como é que vou saber se estou andando na direção certa? Como é que vou perceber que não estou dando, de novo, um murro em ponta de faca?".

Bem, a resposta para isso é a seguinte: você precisa atingir o ponto de não retorno. Do que se trata isso?

É uma expressão muito utilizada em inglês para exemplificar aquele momento em que, depois de fazer alguma coisa específica, nós não conseguimos mais voltar atrás, nem ser quem éramos antes de realizá-la. Por exemplo, quando o bebê começa a andar, é um *point of no return*, ele não vai mais conseguir se comportar como um bebê que engatinha, essa é uma informação que não dá para desaprender. Quando você vai morar sozinho pela primeira vez, é um ponto de não retorno, você nunca mais vai conseguir morar com seus pais do mesmo jeito que morava antes; para algumas coisas você não terá mais paciência, por exemplo.

Eu tive muitos pontos de não retorno na minha vida.

Quando era adolescente, eu era músico, mas um dia percebi que não tinha qualidade musical para seguir adiante. Então olhei para o futuro e decidi fazer a faculdade de Psicologia em São Paulo.

Eu morava em Santos e me mudar para São Paulo foi um ponto de não retorno, tudo mudou: onde eu morava, como eu falava, com quem falava, a minha cabeça. Para mim, morar em São Paulo definiu que eu nunca mais voltaria a morar em Santos.

Em um mês de faculdade de Psicologia, percebi que eu queria outra coisa para mim e decidi fazer Medicina. Todos os meus amigos de Santos me diziam que não conseguiria entrar em Medicina porque eu tinha sido um péssimo aluno no colégio. No entanto, eu mergulhei nos estudos e entrei na faculdade de Medicina. Entrar nessa faculdade foi um ponto de não retorno.

Mudou meu ambiente, mudaram meus amigos, minha autoestima, minha confiança.

Depois fui para a área de cirurgia, comecei como instrumentador, em seguida me tornei assistente, e um dia fiz minha primeira cirurgia. Foi outro ponto de não retorno.

Minha vida continuou com uma série de pontos de não retorno. Casamentos, cinco filhos, a primeira sessão de terapia, o primeiro livro, ficar famoso, minha primeira palestra remunerada...

Se você observar sua vida, verá que quando ela fluiu, você atingiu um ponto de não retorno.

Evoluir significa atingir um ponto de não retorno. Você tem uma série deles que marcam seu crescimento. Talvez você estivesse dando murro em ponto de faca porque estacionou em um ponto de confusão, mas agora é o momento de avançar e voltar a atingir esse ponto de não retorno.

Pegue o seu caderno de novo. Pare por alguns minutos e escreva a sua série de pontos de não retorno e descreva por que eles deram a força que você tem para continuar avançando. Depois, escreva qual seria o seu próximo ponto de não retorno.

Ter noção sobre seu próximo ponto de não retorno é importante porque ele é o lugar em que você tem a melhor visão da vida.

No ponto de não retorno tudo se torna simples e não existe mais a questão de ter de fazer uma escolha. A pressão da escolha, que nós dramatizamos muito mais do que o necessário, desaparece quando você atinge esse ponto. Porque não existe alternativa: quando você descobre a sua essência, descobre quem é de verdade e o caminho que precisa seguir; então, tudo o que pode fazer é ser essa pessoa.

Quando falo de ponto de não retorno, tem muito a ver com assumir riscos, mas também tem muito a ver com assumir sua alma e ser verdadeiro com ela.

> **EVOLUIR SIGNIFICA ATINGIR UM PONTO DE NÃO RETORNO. VOCÊ TEM UMA SÉRIE DELES QUE MARCAM SEU CRESCIMENTO. TALVEZ VOCÊ ESTIVESSE DANDO MURRO EM PONTO DE FACA PORQUE ESTACIONOU EM UM PONTO DE CONFUSÃO, MAS AGORA É O MOMENTO DE AVANÇAR E VOLTAR A ATINGIR ESSE PONTO DE NÃO RETORNO.**

Eu pagava·o tratamento do Leandro. E como eu fazia isso? Fazendo terapia, paciente por paciente, e isso me revertia determinada quantia em dinheiro. Então, certo dia eu fiz uma palestra e consegui ganhar em apenas uma hora o que ganhava em uma semana como terapeuta. Uma hora! Esse era um ponto de não retorno: eu morri de medo, temi que as pessoas falassem mal de mim, que no fim pedissem o dinheiro de volta porque não tinha sido bom.

ESSE É O MOMENTO: VOCÊ ATINGE O PONTO DE NÃO RETORNO QUANDO JÁ CONSEGUE VER O PRÓXIMO NÍVEL AO QUAL QUER CHEGAR.

Todavia, quando você salta, é tudo diferente. Fica tudo simples, não precisa mais escolher. Agora, quando vejo milhares de pessoas me aplaudindo depois de uma palestra, sinto que minha vida vale a pena.

Qual é o seu ponto de não retorno? Como você reconhece um ponto de não retorno? Quando aquilo já não é algo que atrapalha ou trava você. Quando você começou a andar, ainda bebê, não continuou pensando se cairia ao levantar. Em vez disso, você começou a pensar em como andar mais depressa, como ir mais longe, como correr. Você visualizou o próximo ponto de não retorno. Esse é o momento: você atinge o ponto de não retorno quando já consegue ver o próximo nível ao qual quer chegar.

Para realizar seu próximo sonho, você precisa estar disposto a não olhar para trás, a encontrar o ponto de não retorno que mudará sua vida. Todo mundo tem um próximo ponto de não retorno, e é ao atravessá-lo que você sentirá a verdadeira conexão com sua alma.

Vou dar mais um exemplo de um dos meus pontos de não retorno: conseguir dinheiro para levar meus filhos para a Disney. Quando consegui, durante a viagem, eu pensava: "O que eu quero mesmo agora é trazer todas as crianças da família para cá". Eu já sabia qual era o próximo nível. E eu fiz! Assim que consegui, levei todos os sobrinhos (fiquei sozinho com dez crianças, imagine a bagunça), mas aquilo também foi um ponto de não retorno na minha vida!

Às vezes, o ponto de não retorno é como um raio que cai na sua cabeça. Um dia você acorda e nunca mais fuma um cigarro, um dia você vê a decepção nos olhos do seu filho e nunca mais promete algo que não pode cumprir, um dia você olha para uma pessoa do outro lado da sala e se apaixona perdidamente. Não tem volta. Existe a vida antes disso e depois disso.

No entanto, para a maioria das pessoas não acontece esse raio. Então, que marca o ponto de não retorno para quem não sente o raio? A mudança de ecossistema, a vida anterior não tem mais lógica e os relacionamentos também não. Às vezes você muda até de casa. Quando uma pessoa é alcoólatra e decide não ser mais, verá que o entorno vai mudar, porque não dá para continuar saindo com as mesmas pessoas. Se você decide estudar em outro estado, vai mudar tudo e cortar seus programas durante a semana na cidade na qual morava anteriormente. É a transformação na vida. Porque não voltar significa que você desatolou. Saindo do que era, entrou em algo novo.

O ponto de não retorno tem a ver com você entender que tem direito ao seu próximo sonho. É o que você quer, e também o que merece. Você se torna dono do seu próximo sonho. E assim nasce a sua agenda para o futuro.

Na agenda para o futuro, é muito importante você escrever o que é o seu ponto de não retorno e o que vai mudar no seu ecossistema e na sua maneira de se relacionar.

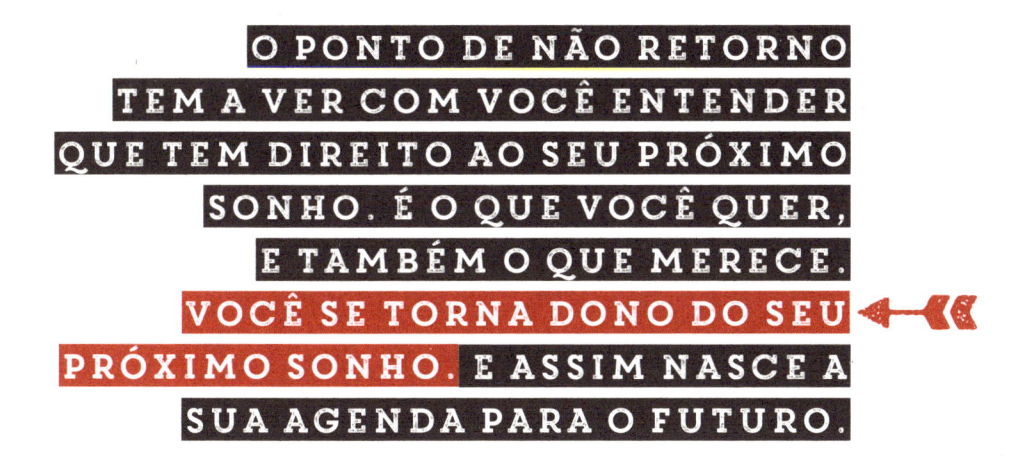

O PONTO DE NÃO RETORNO TEM A VER COM VOCÊ ENTENDER QUE TEM DIREITO AO SEU PRÓXIMO SONHO. É O QUE VOCÊ QUER, E TAMBÉM O QUE MERECE. VOCÊ SE TORNA DONO DO SEU PRÓXIMO SONHO. E ASSIM NASCE A SUA AGENDA PARA O FUTURO.

Se você quer estudar, conviva com gente que estuda. Se quer ter um relacionamento legal, procure alguém que esteja em lugares de quem quer uma relação desse tipo. Comece a ir a outros lugares e investir em outras ideias, em outros grupos.

E saiba também qual é o seu motivo para atingir o ponto de não retorno. É um filho? É uma vida melhor? É dignidade? Todo salto é um salto "para algo", foi algo que aprendi quando saltei de *bungee jump* muitos anos atrás. Eu vi ali que meu motivo precisava ser maior que meu medo.

CAPÍTULO 8

SEJA ÚNICO, seja "MALUCO beleza"

onestamente, para mim, a maior satisfação não surge de estar na lista dos mais vendidos ou de ter palestras concorridas. O que realmente me traz felicidade é ver que ajudei muitas pessoas a viver integradas com a própria alma e a realizar seus objetivos.

Aprendi algo muito importante com meu irmão, Eduardo Shinyashiki: "as pessoas precisam parar de competir umas com as outras para poder ser únicas".

O grande barato da vida é ser especial!

Por isso, comece a ser único: o único que tem a sua criatividade, o único que tem o raciocínio que você tem, o único que tem o seu jeito de lidar com as pessoas e as situações.

Tome muito cuidado com idealizações, com a vontade de viver a vida dos outros.

Muitas pessoas querem ser poderosas como o Jeff Bezos, da Amazon, ou ter o charme da Gisele Bündchen sem levar em conta que o verdadeiro charme dela é ser intensamente ela.

> **COMECE A SER ÚNICO: O ÚNICO QUE TEM A SUA CRIATIVIDADE, O ÚNICO QUE TEM O RACIOCÍNIO QUE VOCÊ TEM, O ÚNICO QUE TEM O SEU JEITO DE LIDAR COM AS PESSOAS E AS SITUAÇÕES.**

Se você analisar a história das pessoas que admira, vai perceber que elas não exigiram de si mesmas a tarefa de ser como outras pessoas. Elas se deram permissão para ser elas mesmas, usaram a própria experiência para chegar onde chegaram, e o mais importante: ouviram o chamado da própria alma e fizeram o caminho de dentro para fora, e não de fora para dentro.

Quando o Cristiano Ronaldo saiu da Ilha da Madeira, em Portugal, para ser o gênio do futebol que é hoje, não estava em seus pensamentos jogar como um de seus ídolos... mas sim, com o vazio de alma querendo ser preenchido com a sua arte. Ele tinha esse chamado de atleta.

Vejo pessoas que dizem que querem fazer palestras como o Roberto Shinyashiki, mas o desafio não é fazer palestras como eu faço. Podem até usar minhas palestras como modelo por alguns meses. No entanto, para fazer igual a mim, precisariam ser filhos dos meus pais, ter vivido as dificuldades da infância que vivi, ter tocado na noite aos 16 anos, ter jogado bola, ter tido a angústia de ser uma pessoa perdida na adolescência e fazer terapia por anos, ter sido médico, ter trabalhado com cirurgia, ter visto muita gente morrer no pronto-socorro, ter estudado todas as formas de psicoterapia, ser pai do Leandro e ter trabalhado muito para ganhar dinheiro para pagar os tratamentos dele, precisariam ter sido terapeutas, conhecer a alma das pessoas que confiaram neles, ter se tornado palestrantes, ido para a Índia, ter vendido livros. É essa a coleção de experiências que, em conjunto com minha alma, me fazem ser quem sou. Certamente você também tem muitas experiências que vão enriquecer sua alma e inspirá-lo a construir a sua vida.

O meu convite é para que você valorize suas experiências de vida, em vez de olhar para o resultado dos outros. Olhe o que você pode fazer, o que tem de possibilidade para que consiga verdadeiramente tocar sua alma, ter a seiva que faz você crescer como árvore, produzir flores e frutos. É essa seiva, essa alma, que faz alguém explodir, desabrochar.

Seja único.

PARE DE QUERER SER O PRIMEIRO, ISSO SÓ VAI FAZER VOCÊ PENSAR PEQUENO! VENHA PARA A ESTRADA FLORIDA DOS ÚNICOS.

Sei que isso pode ser assustador, mas também é libertador. Ser único é aceitar até aquilo que você não gosta como parte de quem você é. Sem aquele ingrediente do pai difícil, a receita não ficaria igual. Sem a pobreza no início da vida, o bolo ia solar. Sem os anos de dúvida, não daria o mesmo sabor à sua receita. A sua chatice, a sua estranheza, o que o faz único também no lado negativo precisa ser encarado, porque muito da sua alma está ali. O que você aguenta e o que não aguenta, o que funciona na sua vida e o que inviabiliza a sua felicidade.

Pare de querer ser o primeiro, isso só vai fazer você pensar pequeno! Venha para a estrada florida dos únicos.

Foi isso o que Juliana entendeu depois da reunião com o chefe. Na hora, o lado racional dela achou que era uma loucura. Entretanto, ela não ligou. Se a loucura estava relacionada à felicidade, à alma e ao projeto de vida dela, então, ela seria bem maluca! Usaria toda a individualidade dela, todo o medo que teve de mudar de vida, o receio de não ser como os pais queriam, o pavor de desagradar os outros para ficar mais forte e trilhar um novo caminho. Quando saiu da sala do chefe, Juliana só sentia felicidade e alívio. Não importava o que acontecesse, ela estava preparada até para a hipótese de a empresa não topar a ideia dela. Se fosse esse o caso, ela iria embora. A decisão já estava tomada lá dentro dela. Contudo, algumas horas depois, o chefe a chamou de novo. Disse que tinha conversado com a direção e que todo mundo achou uma ótima ideia. Tinha carta branca para tocar o projeto, mas seria a responsável pelos resultados. Para o bem e para o mal. Com um sorriso que há muito tempo ela não dava, Juliana disse que estava pronta para correr qualquer risco.

O que essa história mostra? Que querer ser certinho é a maior loucura que pode existir, mas não a loucura da libertação e sim a loucura da autodestruição. Quando eu estava começando minha formação de psiquiatra, no terceiro ano da faculdade de Medicina, consegui um estágio no hospital de São Bernardo. Meu combinado com o chefe do serviço era que todos os dias ele escolheria um paciente do hospital sobre o qual eu deveria conversar com ele. E, quando eu terminasse a conversa, ele discutiria o caso comigo. E justamente o primeiro paciente que entrevistei era um médico que tinha tido um surto psicótico. Quando conversei com o paciente, a vida dele me parecia muito certa: casamento certinho, família certinha, trabalho certinho, estilo de vida certinho. Quando meu chefe me perguntou o que achei dele e eu respondi: "Não entendi... ele é uma pessoa toda certinha, arrumadinha. Não sei como uma pessoa assim tem um surto psicótico", ele me respondeu: "Ser muito certinho... Talvez essa seja a causa de ele ter tido esse descontrole emocional". É muito alto o gasto de energia de uma pessoa para se controlar quando ela quer ser muito certinha, quer ser aprovada por todo mundo, adorada por todo mundo, quando quer atingir todas as expectativas que os outros têm.

Quando você não tem essa dimensão e simplesmente se encaixa em padrões preestabelecidos, passa a viver como um pássaro dentro de uma gaiola – que pode ser um casamento, um emprego, uma academia. Assim como nas grandes organizações, vejo muitos professores nas faculdades dando aula, infelizmente, só para ganhar dinheiro. Vejo poucos professores felizes e alegres, realizando-se e tendo chance de realizar seu lado "maluco beleza". E à medida que essas pessoas vão se acostumando a viver uma felicidade artificial dentro das gaiolas, elas perdem o brilho, a alegria de sorrir, a alegria de viver, a alegria de se emocionar.

Esse é o meu convite: que você se conecte com sua alma e sua loucura. Se você tem vontade de viajar, de assumir sua bissexualidade, de curtir sua vida, faça isso! Gaste sua energia em construir uma vida que mantenha sua paixão por viver. Porque a pior loucura não é a loucura em si, mas o medo dela. Aquele medo de que você seja punido se for você mesmo. O medo de que ficará desempregado, de que ninguém vai amá-lo, de que ninguém vai aceitá-lo. Perceba que as pessoas que você verdadeiramente admira têm a coragem de ser elas mesmas. E é bonito ver uma pessoa sendo ela.

Esse é o caminho para você ter realização e felicidade porque na hora que você se reprime em relação àquilo que é, fica complicado se soltar, ser você mesmo e fazer o que realmente quer. Brinde com o seu "maluco beleza" interior, deixe-o sair um pouco, faça uma vida que tenha uma casa para ele. Tenho certeza de não vai se arrepender. É assim que você vai se conectar de verdade com seu projeto de vida.

O murro em ponta de faca mais dolorido que existe é a luta para ser uma pessoa que você não é!

GASTE SUA ENERGIA EM CONSTRUIR UMA VIDA QUE MANTENHA SUA PAIXÃO POR VIVER.

Dê-se de presente a possibilidade de realizar suas vocações, seus talentos.

Você vai ter de mudar algumas metas, mas a partir de hoje viva para realizar suas metas. Talvez você tenha menos aplausos, mas o reconhecimento que mais vale é aquele que a sua alma faz todas as noites para você.

CAPÍTULO 9

a maior ACEITAÇÃO da MINHA vida

A o longo do livro, contei a você um pouco da história do Leandro e, agora, vou falar sobre o momento mais difícil e a maior lição que passei ao lado do meu filho.

Até os 4 anos do Leandro, eu acreditava piamente que ele recuperaria completamente seu desenvolvimento. Eu tinha certeza de que ele seria uma criança normal.

Não media esforços para conseguir isso. Consegui uma profissão que me dava mais dinheiro e levava meu filho para todo tipo de terapia que os médicos recomendavam: fisioterapia, massagem, hidroterapia, além das terapias alternativas como acupuntura, homeopatia, cirurgia espiritual, diversos chás de várias ervas...

Meu grande sonho era que ele pudesse ficar curado.

Nossa principal forma de avaliar o progresso do Leandro era por meio de seu contato visual, e com o passar das semanas e dos meses, percebemos que ele não melhorava.

No entanto, como eu sempre fui um sujeito determinado e acostumado a fazer meus projetos se tornarem realidade, eu continuava pressionando todos os terapeutas, pressionando a mim mesmo e pressionando o Leandro para fazer mais exercícios e não desistir jamais.

Quando um médico me dizia que as limitações do meu filho estavam aumentando, eu me enganava dizendo que ele não via a evolução do Leandro.

Um dia, a fisioterapeuta avisou que sairia de férias e disse que não era necessário fazer sessões naquele período, que meu filho podia ter uma folga. Eu não concordei e exigi que continuassem com o tratamento de qualquer jeito, então, providenciaram uma substituta.

Nesse período, houve uma sessão em que o Leandro estava cansado, com sono e não fez nenhum dos exercícios. Eu fiquei ali observando, mas ele não estava com vontade de se exercitar e não ajudou a fisioterapeuta. Era um dia bem frio e, quando a sessão terminou, eu estava trocando a roupa do Leandro, agasalhando-o bem, e comecei a falar para ele algo com esse sentido: "Filhão, hoje não foi legal. Mas depois vamos retomar aqui porque você precisa recuperar esse déficit que está acontecendo, quero te ver correndo como as outras crianças..."

A fisioterapeuta substituta ouviu o que eu disse e sem misericórdia nenhuma falou: "Pai, você é médico! Você sabe que seu filho não tem a mínima chance de se tornar uma criança normal. Ou o senhor não sabe disso ainda?".

Foi um baque para mim ouvir aquilo. Na hora, eu engoli meus sonhos e minhas ilusões e respondi: "Eu sei que isso não vai acontecer. Sei que ele tem muitas limitações.". No entanto, falei de um jeito bem seco porque, dentro de mim, eu senti muita raiva dela; mas muita mesmo. Não acreditava que alguém podia ser tão frio como essa mulher foi.

Saí carregando o Leandro até o carro e, internamente resmungando palavras de ódio contra a fisioterapeuta substituta. Ficava pensando: "Poxa, como é que ela pode não acreditar no trabalho que faz, não acreditar na força que o paciente tem, como pode ser tão incrédula?".

Coloquei o Lê na cadeirinha dele no carro e me sentei para dirigir de volta para casa. Quando afivelei o cinto de segurança e fui dar a partida, senti toda a raiva se transformando em tristeza.

Tive uma das maiores crises de choro da minha vida. Coloquei a cabeça no volante e comecei a chorar desesperadamente.

Eu estava em prantos, arrasado, porque aquele foi o primeiro dia em que comecei a aceitar a ideia de que o Leandro não era o que eu havia sonhado: ele era o Leandro que Deus quis que eu tivesse, com muitas limitações, mas mesmo assim, meu filho!

Ali eu comecei a falar para mim mesmo que estava na hora de aceitar o meu filho de verdade, exatamente como ele era.

Toda essa situação me deixou bastante vulnerável. Eu estava sofrendo muito. Então, marquei uma sessão com uma psicoterapeuta chamada Mary Goulding. Assim que começamos a sessão, ela me perguntou o que eu queria trabalhar. Eu disse: "Quero trabalhar algo que está acabando comigo. Meu filho tem paralisia cerebral e não estou conseguindo lidar com isso.". Então ela me falou: "Puxa, eu fico triste em saber. Mas isso é uma situação concreta: ele tem paralisia cerebral e vai ter deficiência. Então, o que você quer trabalhar com isso?". Eu tomei um choque. Ela praticamente repetiu as palavras que eu sempre ouvia, que era um problema físico, de calcificações no cérebro, e que não tinha jeito de ele continuar com uma evolução normal. Mary voltou a perguntar gentilmente: "O que você quer trabalhar?". Eu me senti todo embaralhado e falei o que nunca tinha dito: "Eu preciso aprender a aceitar meu filho como ele é. Preciso de ajuda para saber amar e curtir meu filho do jeito que ele é".

> **ALI EU COMECEI A FALAR PARA MIM MESMO QUE ESTAVA NA HORA DE ACEITAR O MEU FILHO DE VERDADE, EXATAMENTE COMO ELE ERA.**

Finalmente consegui compartilhar a minha dor com alguém e não me sentir um monstro.

Mas foi muito duro falar isso.

Novamente, a tristeza e o choro tomaram conta de mim, bem ali na frente dela. Quando me acalmei, falamos sobre o assunto e compreendi de uma vez por todas que o desafio era meu. Eu precisava aceitar meu filho definitivamente. A partir desse dia conversamos e trabalhamos esse tema diversas vezes.

Foi então que tive um dos maiores insights da minha vida. Compreendi que precisava "soltar a âncora" que me prendia, que não me deixava ver a realidade como era de fato e que precisava parar de projetar meus sonhos e meus desejos impossíveis em relação ao Leandro. Foi incrível, porque nesse instante, somente nesse instante, percebi que havia uma porta aberta para mim e para meu filho, onde eu poderia amar e me relacionar com o Leandro do jeito que ele era e, principalmente, um lugar onde o Leandro poderia apenas ser ele mesmo e seria aceito pelo pai.

FOI ENTÃO QUE TIVE UM DOS MAIORES INSIGHTS DA MINHA VIDA. COMPREENDI QUE PRECISAVA "SOLTAR A ÂNCORA" QUE ME PRENDIA, QUE NÃO ME DEIXAVA VER A REALIDADE COMO ERA DE FATO E QUE PRECISAVA PARAR DE PROJETAR MEUS SONHOS E DESEJOS IMPOSSÍVEIS EM RELAÇÃO AO LEANDRO.

Essa aceitação foi meu salto no abismo, a conexão com minha alma e o primeiro passo para o projeto de vida que eu queria traçar. Eu amo meu filho, sempre amei. Entretanto, desde seu nascimento, eu estava dando murro em ponta de faca querendo que ele se tornasse uma criança que nunca poderia ser.

Aceitar é o caminho para quem quer parar de se machucar fazendo algo que nunca vai dar certo, é o primeiro e grande salto para que você comece a trilhar o caminho da alma e se conecte profundamente com sua missão. E eu estava aceitando.

Precisamos saber aceitar que a outra pessoa não nos ama mais, aceitar que as pessoas escolham trajetórias diferentes da nossa, aceitar que precisamos dar adeus para uma expectativa que tínhamos, dizer olá para uma possibilidade que nos permita assumir quem somos e ser verdadeiramente felizes.

> **ACEITAR É O CAMINHO PARA QUEM QUER PARAR DE SE MACHUCAR FAZENDO ALGO QUE NUNCA VAI DAR CERTO.**

Existe uma frase muito bonita de Reinhold Niebuhr, teólogo norte-americano, que tem me ajudado muito nos momentos difíceis e que vai ajudar você nessa sua jornada rumo à sua nova vida: "Deus, me dê a serenidade de aceitar as coisas que não posso mudar, a coragem de mudar as que posso e a sabedoria para distinguir entre elas.".

PRECISAMOS SABER ACEITAR QUE A OUTRA PESSOA NÃO NOS AMA MAIS, ACEITAR QUE AS PESSOAS ESCOLHAM TRAJETÓRIAS DIFERENTES DA NOSSA, ACEITAR QUE PRECISAMOS DAR ADEUS PARA UMA EXPECTATIVA QUE TÍNHAMOS, DIZER OLÁ PARA UMA POSSIBILIDADE QUE NOS PERMITA ASSUMIR QUEM SOMOS E SER VERDADEIRAMENTE FELIZES.

Lembre-se: a sua capacidade de amar, de recomeçar e de perdoar lhe dará a dimensão de que você é muito maior do que já imaginou na sua vida.

Você está pronto para saltar para o infinito e trilhar seu novo caminho? O caminho da sua alma? Tenho certeza de uma coisa: é só você aceitar quem você é, com todo o seu coração e com toda a sua alma, que você estará pronto para isso.

Diretora
Rosely Boschini

Gerente Editorial
Rosângela de Araujo Pinheiro Barbosa

Assistente Editorial
Juliana Cury Rodrigues

Controle de Produção
Karina Groschitz Guimarães

Projeto Gráfico e Diagramação
Vanessa Lima

Revisão
Vero Verbo Serviços Editoriais

Capa
Vanessa Lima

Impressão
Gráfica Bartira

Copyright © 2017 by Roberto Shinyashiki
Todos os direitos desta edição
são reservados à Editora Gente.
Rua Pedro Soares de Almeida, 114,
São Paulo, SP – CEP 05029-030
Telefone: (11) 3670-2500
Site: www.editoragente.com.br
E-mail: gente@editoragente.com.br

Dados Internacionais de Catálogo na Publicação (CIP)
Angélica Ilacqua CRB-8/7057

Shinyashiki, Roberto
    Pare de dar murro em ponta de faca : e seja você maior! / Roberto Shinyashiki. – São Paulo : Editora Gente, 2017.
    168 p.

ISBN 978-85-452-0210-3

1. Autoconhecimento 2. Conduta de vida 3. O eu 4. Felicidade 5. Psicologia aplicada I. Título

17-1289   CDD 158.1

Índices para catálogo sistemático:
1. Autoconhecimento: Felicidade: Psicologia aplicada 158.1
2.O eu: Desenvolvimento: Felicidade: Psicologia aplicada 158.1

Parabéns por ter chegado até aqui! Meu sonho é o de que você tenha muito sucesso com muito significado, pois meu maior objetivo é ajudar as pessoas a realizarem os próprios sonhos.

Aproveite e acesse
www.presentedoroberto.com.br

Lá você encontrará bônus exclusivos para os compradores deste livro.

Forte abraço,
ROBERTO SHINYASHIKI

Esse livro foi impresso pela Gráfica Bartira em papel UPM Book 70g em janeiro de 2020.